colección alandar

# Al otro lado de la esfera

Consuelo Jiménez de Cisneros

EDELVIVES

**Directora de la colección:**
Mª José Gómez-Navarro

**Equipo editorial:**
Violante Krahe
Juan Nieto
Lupe Rodríguez

**Dirección de arte:**
Departamento de imagen y diseño GELV

**Diseño de la colección:**
Manuel Estrada

**Fotografía de cubierta:**
Oronoz


Carretera de Madrid, km. 315,700
50012 Zaragoza
Teléfono: 913 344 883
www.edelvives.es

**ISBN:** 84-263-5947-7
**Depósito legal:** Z. 246-06

Talleres Gráficos Edelvives (50012 Zaragoza)
Certificados ISO 9001
*Printed in Spain*



**El 0,7% de la venta de este libro se destina a la construcción de la escuela que la ONG Solidaridad, Educación, Desarrollo (SED) gestiona en San Julián (El Salvador).**

FICHA PARA BIBLIOTECAS

JIMÉNEZ DE CISNEROS, Consuelo (1956-)
Al otro lado de la esfera / Consuelo Jiménez de Cisneros. – 1ª ed. – Zaragoza : Edelvives, 2006
182 p. ; 22 cm. – (Alandar ; 78)
ISBN 84-263-5947-7
1. Cristóbal Colón. 2. Descubrimiento de América. 3. Viajes marítimos. 4. Interculturalidad. 5. Amistad. I. Título. II. Serie.
087.5:821.134.2-31"19"

*Para Aurelio.*

En 2006 se conmemora la muerte de Cristóbal Colón, el navegante atrevido y persistente que consiguió llegar al otro lado de la esfera.

En el marco de una peripecia ficticia, esta novela bosqueja su misteriosa personalidad y evoca sus heroicos y esforzados viajes.

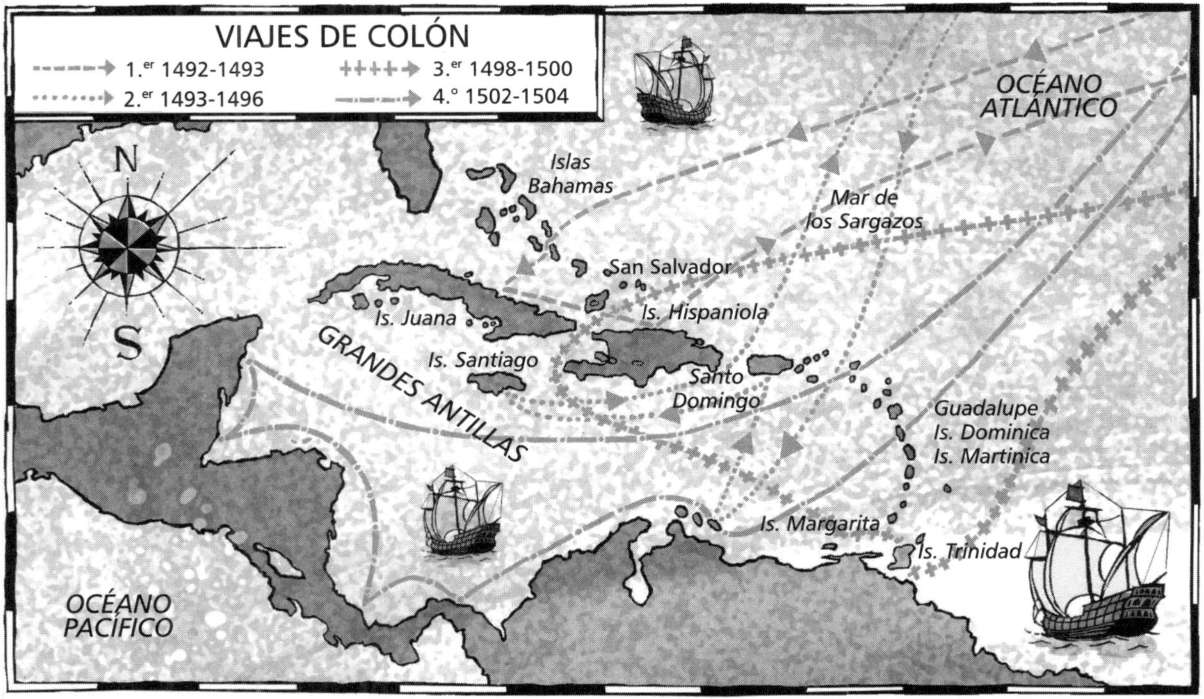
VIAJES DE COLÓN
1.er 1492-1493
2.er 1493-1496
3.er 1498-1500
4.° 1502-1504
N
S
OCÉANO ATLÁNTICO
OCÉANO PACÍFICO
Islas Bahamas
Mar de los Sargazos
San Salvador
Is. Hispaniola
Is. Juana
Is. Santiago
GRANDES ANTILLAS
Santo Domingo
Guadalupe
Is. Dominica
Is. Martinica
Is. Margarita
Is. Trinidad

*preludio*

# EN TIERRA ADENTRO

Verano de 1487 en Villada, un pequeño pueblo de Castilla, lugar pacífico y rutinario, que vivía casi ajeno a los sucesos del mundo exterior. Guerras, viajes, tratados, pactos y conquistas estaban ocurriendo no muy lejos de allí; pero cuando las noticias de estos hechos llegaban a la plaza, gracias a los juglares noticieros, la gente las escuchaba con la misma lejana curiosidad con que oía cantar las antiguas gestas o las leyendas fantásticas.

En Villada vivía Pedro, un niño de diez años, hijo único de uno de aquellos hidalgos empobrecidos que habitaban en casas blasonadas y malvivían de lo que producía la tierra después de descontar alcabalas, diezmos y primicias.

—¡Pedrooo! ¡Pedroooo! Demonio de chico, ¿dónde se habrá metido?

Pedro podía estar en cualquier parte. Se pasaba el día de acá para allá, curioseándolo todo o metido en alguna actividad, no siempre autorizada. Le habían prohibido bañarse en el río, pero él se había escapado con otros muchachos del pueblo y así era como había aprendido a nadar: con el principalísimo fin de no ahogarse.

Porque Pedro era valiente. No temía la noche y podía vagar por la oscuridad como un gato. Moreno, delgado y no demasiado alto, era capaz de deslizarse por sitios por donde nadie cabía; ágil y fuerte, saltaba y corría más rápido que los otros, pues no le gustaba quedarse atrás.

Trepaba a los árboles, cabalgaba a caballo sin montura, luchaba con las manos y con las espadas de madera, que ya despreciaba como juguetes. Le habría gustado usar las de verdad, mas a tanto no se atrevía: jamás osaría coger la espada del abuelo, forjada en acero toledano, cuyo puño repujado mostraba las armas familiares, mientras la hoja bruñida lucía un mote en letras góticas que él nunca había descifrado.

Huérfano de madre desde su nacimiento, su padre le había adiestrado en la equitación, la caza y los juegos, desde el quintain, que consistía en derribar al contrincante con los pies, sin usar las manos, al ajedrez, esa mágica y misteriosa competición de ingenio. Además, desde hacía un par de años, acudía a la colegiata, donde un anciano clérigo les instruía pacientemente, a él y a un pequeño grupo de muchachos, en las viejas ciencias humanísticas: Latín, Historia y Retórica.

Más que estudiar, a Pedro le gustaba escuchar historias, fueran verdaderas o ficticias: las aventuras del Caballero Cifar*, los cuentos orientales de *El conde Lucanor**, cuyas moralejas sabía de memoria, los cantos épicos del Cid y de don Rodrigo*. Su vieja nodriza, Abundia, le recitaba romances de amores y de crímenes y le adormecía con leyendas mitológicas donde las sirenas habitaban los lagos, los centauros y los unicornios compartían los bosques, y había ogros, gigantes y enanos escondidos en lugares recónditos.

Cada vez que andaba por el monte cercano a la aldea, Pedro esperaba ansiosamente toparse con alguna de aquellas criaturas; pero nunca encontró otros seres que no fueran ciervos, ardillas, jabalíes, pájaros y lobos. Pronto logró distinguir los animales fantásticos, que adornaban reposteros, techos y capiteles, de los reales, que corrían por los senderos y los montes.

—¡Pedroooo!

No es que no quisiera contestar, es que no oía. Estaba muy entretenido observando, desde la rama de un árbol, un nido de cucos con la intención de cogerlos en cuanto le fuera posible. Tan absorto se hallaba, que no se percató de que había sido descubierto.

—¡Baja de ahí enseguida!

Era Abundia. Pedro suspiró, aliviado. A la nodriza la podía convencer para que no contase a su padre lo

---

* Las palabras señaladas con un asterisco figuran en un apéndice al final del libro.

que estaba haciendo. Sabía que lo de robar nidos era una afición que no convenía al hijo de un hidalgo.

—Vamos, vamos corriendo a casa...

Le extrañó que no le riñera, que le cogiera fuertemente de la mano y que tuviera los ojos enrojecidos.

Y le extrañó más aún ver gente parada, cuchicheando, en el portalón de entrada. En el momento de cruzar el umbral, las campanas de la parroquia empezaron a doblar con el fúnebre toque de difuntos.

# EL LUGAR EN EL QUE ACABAN LOS MAPAS

Tras la muerte repentina de su padre, Pedro quedó bajo el cuidado de su padrino, fray Juan Pérez de Marchena*, guardián del monasterio de La Rábida. Fray Juan era alto, flaco, un poco encorvado por efecto de las muchas horas de estudio; sus ojos grises miraban fríamente la lejanía como si la escrutasen, pero sabían contemplar con afecto a los más cercanos. Gracias a él, Pedro fue olvidando el miedo y la tristeza. Juntos daban largos paseos y tenían no menos largas conversaciones sobre los misterios de la tierra, los cielos y las aguas.

—Fray Juan, ¿qué hay más allá del mar?

Los ojos de Pedro nunca habían visto antes el mar. En su tierra, los mares eran de trigo y no había vientos húmedos que hincharan las velas y empujaran las embarcaciones, sino aires polvorientos soplando sobre los pinos y las encinas.

—Más allá del mar, hijo, nadie sabe lo que hay. A este océano llaman muchos el Mar de las Tinieblas o Mar Tenebroso*, porque dicen que la tierra tendrá que tener fin en algún punto, y allí debe de haber un gran abismo por donde caerían rodando al infinito los barcos que se atrevieran a navegar hasta esos confines tan lejanos...

Pedro sintió un escalofrío.

—Algunos creen que el Mar Tenebroso está poblado por criaturas monstruosas, gigantescos dragones marinos que escupen fuego y devoran las embarcaciones...

Atardecía en el puerto de Palos*. Se oían chapoteos en el agua de peces soñolientos y olía a sal y a brea. Las barcas amarradas se mecían suavemente como si intentasen dormir al compás de las estrellas. Todo parecía tan tranquilo, tan lejano de aquellos abismos donde habitaban los monstruos...

Al ver la cara de susto de Pedro, fray Juan añadió sonriendo:

—Todo eso no son más que leyendas. Otros piensan que este mar océano se extiende hasta unas islas maravillosas, llenas de frutos jugosos y de flores fragantes, con animales desconocidos y pacíficos. En esas islas nunca hace frío y la gente vive feliz, sin disputas, porque todos tienen la comida que necesitan al alcance de la mano.

—¿Y cómo se llaman esas islas?

—Los antiguos las llamaron Atlántida*, y dicen que se encuentran más allá de la isla de Tule, también llamada Islandia, que es la última conocida... Aunque hay quien dice que, al oeste de Islandia y batida por todos los vientos, existe una isla misteriosa que flota sin un lugar fijo: San Barandián o la Isla de las Siete Ciudades*, llamada así porque en ella se refugiaron siete obispos con sus fieles huyendo de la invasión árabe...

Desde su llegada, Pedro había escuchado con interés aquellos relatos legendarios. El monasterio donde vivía estaba al borde del mundo, en un lugar varias millas al sur del Finis Terrae o «fin de la tierra». Desde tiempo inmemorial, en aquella costa campeaba el lema de *Non plus ultra*, «nada más allá», para indicar precisamente eso: que más allá de ese punto no había nada. En efecto, allí acababan los mapas. Fray Juan le había enseñado viejos atlas que mostraban la línea quebrada de la costa galaico-portuguesa. Desde allí los barcos no se atrevían a navegar fuera de las rutas establecidas; se dirigían hacia el norte o hacia el sur, pero nunca hacia el oeste.

Lo último conocido eran las lejanas islas atlánticas, las Canarias*, y las más lejanas todavía Azores* y Madeira*, diminutos puntos perdidos en la inmensidad oceánica. Luego, la nada. Y esa nada se escribía con estas fatídicas palabras: Mar Tenebroso; un poco más lejos, una franja desvaída y borrosa recibía el nombre de Terra Incognita*, «tierra desconocida».

Por suerte para Pedro, el convento de La Rábida era todo lo contrario de un lugar oscuro y enigmático. Sus muros luminosos, encalados, se levantaban sobre una suave colina, entre los puertos de Palos y de Huelva, a la sombra de los pinos verdinegros. Un espacio muy distinto del austero y polvoriento pueblo castellano en que Pedro naciera y se criara.

En el monasterio no podía hacer una vida tan libre como en su pueblo. Sin embargo, y antes de lo que pensaba, Pedro se encontró a gusto en aquel remanso de paz y sabiduría. Pronto descubrió que el convento también era un buen territorio de juegos y escondites.

Cada sitio allí tenía algo especial: los claustros, por los que se podía correr libremente cuando no había nadie, o pararse a escuchar el ruido rumoroso de la fuente y el canto matutino y vespertino de los pájaros, relojes infalibles; el huerto, donde los monjes cavaban, sembraban y recogían durante todo el año, y él podía echar una mano regando, podando o haciendo otras entretenidas tareas; la biblioteca, una habitación llena de manuscritos, papeles y libros desde el suelo hasta el techo, en la que había que entrar de puntillas porque siempre se encontraba a algún fraile con lentes leyendo o escribiendo, de pie frente a un alto pupitre; la iglesia, a veces silenciosa, otras resonante de cánticos y rezos, con su olor a cera, a incienso, a flores y a madera pulida.

Fray Juan se había propuesto completar la educación del muchacho. Le animó a mejorar su lectura, a escribir, a dibujar y a estudiar lenguas clásicas.

A veces, Pedro se quejaba.

—¿Para qué me sirve aprender tanto latín y griego?

—Saber, sea de lo que sea, siempre es útil, Pedro.

A él le interesaba más averiguar cómo era la Tierra, si plana o esférica. Qué habría más allá del mar que contemplaba desde el puerto, por qué el Sol se escondía cada tarde por el horizonte de poniente y reaparecía a la mañana por el de oriente, bailando en torno a la Tierra, y cómo era posible entonces que fuera la Tierra y no el Sol la que se movía, como le había explicado fray Juan, según las recientes teorías heliocéntricas que se comentaban en voz baja porque la Iglesia dudaba en aceptarlas.

El Sol, la Tierra, la Luna, las estrellas, el océano... Todo aquello era visible, estaba al alcance de la mano o de la mirada; y, al mismo tiempo, resultaba lejano y misterioso, imposible de explicar. El sol lanzaba un pálido rayo que hacía brillar las iniciales doradas del gigantesco libro de oraciones abierto sobre el atril. En la biblioteca silenciosa, Pedro veía a los monjes silabear despacio las viejas crónicas y los salmos bíblicos, sin alzar la voz, como si aquél fuera un lugar tan sagrado como la iglesia.

La biblioteca guardaba toda la sabiduría de siglos anteriores, los hechos heroicos y los miserables, la ciencia de las piedras y de las estrellas, los principios del Derecho, la Astronomía, la Filosofía... Todo estaba atesorado en aquellos anaqueles repletos de libros y manuscritos. Y Pedro se preguntaba si aquellas respuestas que él buscaba estarían escondidas, esperando, en alguno de aquellos libros; o quizá más escondidas aún, en libros que no se habían escrito todavía.

Y repasaba los viejos tratados de Geografía ptolomeica, los de Cosmología y, sobre todo, los cartulanos, mapas de navegación que daban también orientaciones para los periplos. De tanto mirarlos y remirarlos, llegó a memorizar los mapamundis, por más que fueran incompletos y ambiguos, e incluso bastante distintos unos de otros según quien los hubiera trazado.

La mayoría de los autores modernos admitía que la Tierra no era plana, sino esférica. Eso hasta Pedro podía comprobarlo en el puerto, pues lo último que veía desaparecer de las naves que se alejaban eran las cofas. Si la Tierra fuera plana, la nave se iría haciendo cada vez más pequeña toda ella hasta desaparecer, pero no se iría hundiendo en el redondo océano o emergiendo del mismo cuando arribaba. Ahora bien, lo que pudiera haber al otro lado de la esfera, se ignoraba por completo. Muchos temían caer al vacío y perderse para siempre, o encontrarse con peligros desconocidos e inimaginables: pulpos gigantes, torbellinos fatales, barcos fantasmagóricos... como fray Juan le narraba.

A pesar de sus grandes deseos de conocer y explorar, Pedro no podía evitar sentir un poco de temor. ¿Qué habría al otro lado de la esfera? Nadie sabía decirlo todavía...

Una mañana, mientras jugaba en la huerta, un novicio vino a buscarlo.

—Fray Juan quiere hablar contigo. Te espera en el locutorio.

Pedro echó a correr, salió por la portezuela de la huerta, entró en un largo y fresco pasillo, subió unas escaleras y accedió al locutorio, una sala silenciosa donde se recibían las visitas. Allí estaba, en efecto, fray Juan, acompañado de un hombre robusto, de cabellos rojizos y ojos claros, y de un niño pequeño, asido a la mano de aquel hombre.

—Pedro, te presento al señor Colón* y a su hijo Diego, que se va a quedar un tiempo con nosotros. Espero que seáis buenos amigos...

Pedro asintió sin mucha convicción. Aquel niño delgado y pelirrojo, vestido con ropas un poco anticuadas, le pareció demasiado pequeño y también tímido y triste.

Fray Juan despidió a su visitante. A Diego le costó soltar la mano que tenía fuertemente aferrada y, cuando vio desaparecer a su padre por la puerta, sus ojos se llenaron de lágrimas.

A los pocos minutos, regresó el novicio que se haría cargo de Diego. Entonces fray Juan dijo a Pedro:

—Y bien, Pedro, tú serás amigo de Diego. Viene de Portugal y apenas sabe castellano, así que le vendrá muy bien que le hables y que juegues con él todo lo que puedas...

—Es que es muy pequeño... Y además parece muy tímido.

—Diego acaba de perder a su madre. Tú también parecías muy tímido cuando llegaste aquí.

Pedro enrojeció y prometió que se haría amigo de aquel niño.

Antes de lo que pensaba, Diego hablaba en castellano. Pedro le contaba las mismas historias que su nodriza le contó a él y las que había leído en sus libros; cuando iban a la playa, le metía miedo con los monstruos marinos que habitaban el Mar Tenebroso. Diego le oía con los ojos muy abiertos, creyendo todo cuanto escuchaba, sufriendo con las leyendas trágicas, riéndose con las fantásticas y las cómicas. Pedro se sentía mayor a su lado y disfrutaba enseñándole los rincones del monasterio y azuzándole a hacer travesuras que sabía que los monjes acabarían perdonando.

Al cabo de un tiempo, cuando menos lo esperaban, el padre de Diego pasó a recogerlo para llevarlo con una tía de su madre. Aquellas visitas eran algo enigmáticas. Fray Juan, fray Enrique, el monje que siempre estaba leyendo en la biblioteca, y el padre de Diego se encerraban a solas en una de aquellas salas silenciosas y discutían consultando viejos mapas. Luego, fray Juan escribía largas cartas y el visitante partía con ellas y con un brillo especial en la mirada.

Así pasaban los días y, después, las semanas, los meses y los años. A veces, a Pedro le parecía que su nueva vida era tan irreal como la de los centauros y los unicornios que buscara de niño. No se imaginaba viviendo siempre en el monasterio. Admiraba y quería a los frailes, pero no deseaba ser como ellos. Él ambicionaba correr mundo, ver países nuevos, conocer otras gentes, aprender ciencias que fueran más allá del Latín y la Retórica.

En el otoño de 1491, contrajo unas fiebres que le retuvieron en cama hasta que perdió la noción del tiempo. Súbitamente, el día de Año Nuevo se levantó con la voz cambiada y tan crecido que toda su ropa se le había quedado corta.

Una mañana, soñoliento aún de la convalecencia, le despertó un repique de campanas sonando como nunca las había oído antes. Sus tañidos volaban de torre en torre, de iglesia en iglesia, por todos los contornos, y con ellos una noticia que cambiaba el curso de la historia europea.

—¡Granada se ha rendido! ¡Los Reyes han tomado Granada!

A Pedro le latió muy fuerte el corazón al oír aquello. Intuyó que se avecinaban grandes cambios y que esos cambios podrían afectar también a su monótona vida en el monasterio.

En los días siguientes, todo eran habladurías. Unos decían que Boabdil*, el último rey moro, había hecho un pacto secreto con el rey Fernando* para que los moros pudieran conservar su dominio de las Alpujarras*. En aquellas alturas casi inaccesibles se habían refugiado muchos de ellos sin que nadie les molestara. Otros contaban que la madre de Boabdil, la esposa favorita del último sultán de Granada, al ver lágrimas en el rostro de su hijo tras la rendición, lo había humillado públicamente con estas palabras: «Llora como una mujer lo que no has sabido defender como un hombre».

Corrían muchos más rumores. Y no sólo rumores: también libros. La reciente invención de la imprenta por el alemán Johannes Gutenberg* facilitaba que cualquier idea puesta por escrito pudiera ser compartida por mucha gente de distintos lugares. Los libros viajaban tan deprisa como los rumores, sobre todo desde que alguien tuvo la feliz idea de doblar los folios de papel en ocho, coserlos y pegarlos, fabricando así unos libros muy manejables, que ocupaban poco sitio y podían ser leídos en cualquier parte. Significaba pasar del libro fijo, los enormes misales y cancioneros cuyas hojas sólo podían volverse si estaban apoyados en un atril, al libro móvil que podía llevarse en la faltriquera o en la alforja de viaje.

Un día, llegó a la biblioteca del monasterio un libro nuevo, recién impreso. Se llamaba *Arte de la lengua castellana** y estaba dedicado a la reina Isabel de Castilla*. Todos los frailes querían ojearlo, por lo que Pedro, al ver tanta curiosidad, también se interesó.

—¿Qué tiene este libro de especial?

—Es el primero que se escribe en Europa analizando la gramática de un idioma distinto del latín... Esto es el fin del latín, la sagrada lengua de la Iglesia —murmuró un anciano monje—; no sé adónde iremos a parar.

—Hay que estar con los tiempos —afirmó calurosamente un monje joven—. La gente habla castellano, no latín. El castellano se ha difundido ya en toda la península, incluso en los reinos donde existen otras lenguas, como el valenciano o el gallego. Me parece bien que se escriba una obra así, para que podamos escribir correctamente la lengua que hablamos.

—En efecto, el castellano ya es la *lingua franca** peninsular, la gramática de este Nebrija la va a reforzar —declaró fray Juan cortando la discusión—. Y me consta que la Reina aprueba el libro, y más aún teniendo en cuenta que fue ella quien lo encargó.

—¿De veras?

Fray Juan a veces tenía la debilidad de presumir de su buena amistad con la Reina, lo que le hacía saber muchas cosas de la Corte.

—Y tanto... Aunque debo confesar que la idea no fue de la Reina, sino de la preceptora de las infantas, doña Beatriz Galindo*, que fue además la que sugirió el nombre del estudioso andaluz, Elio Antonio de Nebrija, para tal empresa.

—¡A una mujer se le tenía que haber ocurrido semejante cosa! —refunfuñó el fraile más anciano, que ya había manifestado su oposición a aquella gramática de una lengua que seguía calificándose como *vulgar*.

—¿Habéis leído lo que escribe Nebrija en su dedicatoria? «Siempre fue la lengua compañera del imperio...» ¡Qué impertinencia! ¿De qué imperio hablará? La Corona de Castilla no tiene más imperio que las islas Canarias, y ése con dificultades. Es Aragón quien mantiene un imperio en el Mediterráneo.

—¡Quién sabe lo que conseguirá Castilla! —murmuró fray Juan—. Yo sé de un proyecto que podría convertir a Castilla en un imperio mayor que el de los romanos...

—¿Qué decís?

El toque para acudir al refectorio cortó la conversación. Pero Pedro percibía que muchas cosas estaban cambiando, que se planteaban cuestiones que nunca antes se habían concebido.

Una mañana de primavera, fray Juan se sentó con él sobre las piedras del claustro, tibias de sol. El monje le preguntó:

—Dime, hijo mío, ¿no te agradaría quedarte en este monasterio para siempre, vivir como nuestros hermanos los frailes, orando y trabajando, en paz, y ser feliz aquí, entre nosotros?

Pedro miró a su alrededor. Dos palomas zureaban en torno al pozo. Sobre las losas de barro cocido y esmaltado, gastadas de tantas piadosas pisadas, se dibujaban las sombras de las hojas de mirtos y aligustres recortadas por la luz; parecía que tuvieran vida propia y fueran a extenderse y a florecer allí mismo, entre el aire y la piedra. El joven contemplaba sus dibujos caprichosos como si no los hubiera visto nunca. Sentía cariño por todo aquello y al mismo tiempo no lo sentía como suyo. Al fin dijo:

—Fray Juan, estos años pasados en el monasterio han sido muy provechosos para mí. He aprendido muchas cosas gracias a vos y nunca podré olvidaros. Pero siento que mi destino es otro. Yo quiero ver mundo, conocer otras gentes y lugares, partir lejos de aquí, todo lo lejos que se pueda llegar...

—¿Estás seguro de eso que dices? ¿No piensas en los riesgos, para el cuerpo y para el espíritu, que lleva consigo una vida aventurera?

—Estoy seguro de que todos tenemos un lugar —respondió Pedro—, como los árboles y las flores tienen su terreno, como los peces tienen su espacio en el agua y los pájaros en el aire... Nuestro lugar. A pesar de todas vuestras bondades, yo no siento que este monasterio sea mi lugar. He de seguir buscando...

Fray Juan sonrió suavemente:

—Ésa era la respuesta que esperaba de ti. Hijo, acaba de visitarnos un viajero que estuvo aquí hace años, casi al mismo tiempo de tu llegada. ¿Lo recuerdas? Se llama Cristóbal Colón. Tú trataste durante un tiempo a su hijo Diego...

—Lo recuerdo.

—Colón es un navegante muy experto que lleva años intentando hacer realidad un proyecto tan fantástico que, cuando suceda, porque sucederá, cambiará la Historia. Muchos se ríen de él, pero yo le creo y voy a ayudarle. Verás: este hombre quiere emprender un largo viaje que ningún ser humano ha hecho hasta hoy, lleno de peligros y de incertidumbres que no todos estarían dispuestos a afrontar. Necesitará gente que le acompañe. ¿Quieres tú ser uno de ellos?

—¡Por supuesto que sí! —replicó Pedro impulsivamente—. Pero, decidme, ¿cuál es el destino de ese extraño viaje?

El fraile titubeó levemente antes de responder.

—Las Indias*...

—¿Las Indias? No creí que llegar a ellas fuera tan peligroso. He oído que muchos barcos portugueses van y vienen constantemente con mercancías...

—Los portugueses van por una ruta ya conocida: la de África. Vosotros iréis por otra nueva: la del Mar Tenebroso... ¿Te acuerdas de que, cuando llegaste aquí, te pasabas el día pidiéndome que te contara cosas sobre ese mar y sobre la Terra Incognita? Pues ahora tendrás ocasión de comprobar lo que existe más allá del océano... Hay marineros que piensan que, navegando siempre hacia el oeste, se tiene que llegar a alguna parte...

—¿Y vos creéis que eso es posible?

—Fray Enrique de Guzmán es un sabio y él está seguro de que sí es posible. Según dice, sólo hay que luchar contra el miedo y la ignorancia. El miedo de los que temen que los barcos no llegarán en mucho tiempo y perecerán en las aguas; la ignorancia de los que creen que los barcos caerán a la nada cuando doblen el hemisferio... ¿Qué piensas tú?

—Yo no tengo miedo.

Fray Juan se puso en pie.

—Una cosa debo decirte: para que te admitan como grumete, es preferible que escondas tu condición de hidalgo. No des tu nombre completo y no hables de tus orígenes. Los hombres que se inscriben en este viaje no tienen pasado. Y en el mar, recuérdalo bien, todos los hombres son iguales... salvo el capitán, cuyas órdenes hay que obedecer en todo momento.

—Así lo haré, fray Juan.

Pedro estaba muy emocionado. Desde que llegó a La Rábida y aspiró el olor del mar, su imaginación le había transportado infinitas veces por aquel azul desconocido, como los héroes de las novelas de caballería. Él sería un caballero del mar: descubriría tierras nuevas, lucharía contra cualquier enemigo, haría el bien y establecería la justicia por donde pasara. Aquellos eran los ideales que le había inculcado su padre y él no iba a olvidarlos.

Sus andanzas iban a comenzar, mas no con una aventura cualquiera, sino con la más heroica y trascendente de la historia humana. Una aventura donde los hombres no tenían apellidos ni privilegios, porque, como había dicho fray Juan, todos eran iguales frente al mar.

## LA DAMA DE LA ISLA

El viernes 3 de agosto de 1492, salieron del puerto de Palos un centenar de marineros distribuidos en tres embarcaciones: una nao, la *Santa María**, y dos carabelas, la *Pinta** y la *Niña**. Todo el pueblo y mucha gente de los contornos acudió a despedir la expedición, en la que participaban bastantes marinos de la zona, por lo que no faltaron escenas emotivas. Las mujeres lloraban, los niños gritaban agitando las manos y los viejos movían la cabeza silenciosos, como pensando: «Éstos no van a volver...». ¡A tantos se había llevado el mar cercano y conocido! ¿Qué no podría ocurrir en el océano desconocido y remoto?

A Pedro le tocó en suerte la *Santa María*, nave capitana al mando de Cristóbal Colón, lo cual le alegró mucho, pues sentía una gran curiosidad por aquel hombre del que sólo tenía vagos recuerdos. Todos hablaban de él pero nadie parecía conocerlo del todo. Además, después de oír las voces enérgicas y ver los gestos de mando de los Pinzón, que capitaneaban las otras barcas, Pedro dijo para sí: «No sé por qué me huelo que este don Cristóbal Colón ha de ser capitán más benévolo que los otros, ¡pardiez que sí!».

Cuando se despertó la primera mañana, hacía un calor bochornoso. Hasta pasado un rato, no se dio cuenta de dónde se encontraba. Sentía el olor del barco recién embreado mezclado con el perfume salado del agua. Se hallaba en un rincón resguardado de cubierta, reposando su cabeza sobre unos cabos enrollados. Las tres embarcaciones cabeceaban alegremente sobre las aguas, rumbo a las islas Canarias. Martín Alonso Yáñez Pinzón capitaneaba la *Pinta* y su hermano, Vicente Yáñez Pinzón, la *Niña*, y ambas, por el momento, seguían dócilmente detrás de la *Santa María*.

Al ponerse en pie, Pedro sintió que el resplandor del sol le deslumbraba. Avanzó unos pasos hacia la sombra de la toldilla. Un hombre de cabellos largos y lisos, que habían sido pelirrojos y ahora lucían entrecanos, tez clara y ojos azules, algo cansados, levantó la vista del papel en que escribía y le miró fijamente. Era el almirante don Cristóbal Colón, que ya tenía el título de don y el grado de almirante por concesión real. A Pedro le hubiese gustado preguntarle muchas cosas, pero no se atrevió. Lo saludó con una inclinación de cabeza y se dispuso a realizar sus faenas.

Quería saberlo todo sobre el mar y la mejor forma era aprender a hacerlo todo. Desplegar y arriar las velas, cumplir un turno de vigía en lo alto de la cofa despreciando el vértigo y manteniendo el equilibrio pese a las oscilaciones de la nave, rascar el suelo áspero de cubierta hasta dejarlo reluciente, ayudar a preparar la comida... También le habría gustado estudiar mapas y cartulanos, establecer el rumbo, manejar los instrumentos de navegación, pilotar la nave... Pero esas responsabilidades correspondían solamente al almirante y sus pilotos.

A pesar del duro trabajo, Pedro se sentía feliz y orgulloso de navegar en la *Santa María*, la mayor de las tres embarcaciones; la única puesta bajo la protección de la Virgen por el propio Colón, que le cambió el nombre, pues antes se llamaba la *Gallega*. Juan de la Cosa, que los acompañaba como piloto, la conocía bien porque había sido de su propiedad antes de cederla para aquel viaje singular.

El ambiente, sobre todo los primeros días, parecía alegre. Era mucho lo que cada cual esperaba de aquel viaje: el almirante y sus pilotos, encontrar una nueva ruta a Oriente; los cuatro convictos, redimir sus penas; los pobres, enriquecerse; los soldados, conquistar territorios nuevos y desconocidos...; y el grumete Pedro Gómez quería saber lo que había al otro lado de la esfera.

—¡Barco a la vista...!

Se trataba de una nave portuguesa de las tantas que hacían la ruta de las especias. En aquellas aguas tranquilas no esperaban encontrar piratas ni corsarios; pero, por si acaso, la *Santa María* iba bien pertrechada de armamento: las lombardas o culebrinas, unos cañones disimulados a lo largo de los costados del barco, podían disparar balas de granito recubierto de plomo. Las espingardas, montadas sobre pivotes, eran cañones más ligeros y de mayor movilidad que, sin duda, resultarían muy útiles para los navegantes y dañosos para el enemigo en caso de abordaje. Aquellas máquinas de guerra, tan modernas y poderosas, hacían pensar a Pedro que la nao saldría triunfante de cualquier mal encuentro.

El 12 de agosto avistaron las costas canarias, con gran contento de toda la tripulación, que sabía que llegar a tierra, aunque fuera por poco tiempo, significaba a la vez descanso y jolgorio.

—¡La Gomera...! ¡La Gomeraaaa!

Un grupo de delfines les dio la bienvenida trazando sus graciosos coletazos. La pequeña isla volcánica se alzaba ante ellos con su forma redondeada de bordes irregulares como una moneda romana. Era un lugar apacible, montañoso y salvaje, cubierto por una vegetación espesa y diferente a la peninsular. Bajo las paredes de basalto de los montes, se veían palmeras, pitas y áloes.

A su arribada a puerto, el almirante bajó a tierra con impaciencia, no sin antes dar órdenes de cambiar las velas triangulares por otras cuadradas, calculando que así ganarían fuerza en la navegación. Estas últimas, explicó, habían mostrado mayor eficacia frente a los vientos huracanados. También ordenó reparar los desperfectos de la *Pinta*. Luego, desapareció. Y entonces la tripulación se puso a murmurar.

—¿No habéis visto lo nervioso y emocionado que parece?

—Y se ha ido como alma que lleva el diablo o, por mejor decir, como si aquí le esperase algo importante y secreto que no quiere comunicar a nadie.

—Sabéis lo que se rumorea, ¿no? Que tiene un amor en la isla... Una dama de alta alcurnia a la que conoció en uno de sus viajes.

—No creo que nos la presente, ¿verdad?

Todos rieron.

Lo cierto es que ninguno de los marineros supo nada de su capitán durante muchas horas. Alguien aseguró que lo vio vagar por las calles de San Sebastián, la pequeña capital de la isla, y entrar en uno de aquellos caserones de piedra blasonada cuyo portalón se cerró misteriosamente nada más dejarlo pasar.

Transcurrían lentamente los calurosos días de agosto y nadie comprendía por qué el almirante aplazaba la partida. Los arreglos ya se habían hecho. El abastecimiento de víveres y agua también. Los marineros se aburrían, bebían y se enzarzaban en largas disputas. Algunos, que no creían en la existencia de la dama enamorada, decían que el almirante, supersticioso como casi todos los marinos, esperaba una conjunción de astros que le fuera favorable para su navegación. Otros, que lo que esperaba era un cambio de vientos. Otros, en fin, que simplemente tenía miedo de partir en aquel viaje definitivo.

Harto de estar en el barco, Pedro había pedido permiso para recorrer la isla por su cuenta. En ausencia del almirante, don Diego Arana le autorizó a pasear por donde le placiera, siempre que estuviera de vuelta a la caída del sol. Así pues, el grumete se dedicó a explorar la isla.

Una tarde de septiembre, cansado de su largo paseo y sintiendo la cara quemada por el sol, regresaba lentamente a la ciudad. Los días anteriores, había comprobado que nadie en la *Santa María* se preocupaba de su presencia o de su ausencia; así que esa noche rompería la norma y no volvería a dormir al barco. No le apetecía escuchar los ronquidos de los marineros, que ya tendría que soportar inevitablemente durante el largo viaje. Prefería quedarse a cielo raso, contando las estrellas.

El sol caía en lo alto de las calles tranquilas y silenciosas. El brillo del cielo vespertino semejaba el fondo de un plato de porcelana y Pedro, ensimismado, creía estar soñando. Le parecía increíble encontrarse en aquella isla, preparado para emprender en cualquier momento un viaje sin mapas ni rutas a través del Mar Tenebroso. De pronto, escuchó un silbido y vio a una niña y a un muchacho más o menos de su edad, que era el que tocaba un silbato desde el interior de un jardín.

Los miró con un poco de envidia. Recordó su casa, el olor de las flores del patio donde su padre y él se sentaban, el claustro del monasterio y sus conversaciones con fray Juan... Todo aquel pasado, aquella infancia perdida para siempre.

El chico dejó de tocar el silbato al verlo. La niña se acercó a la verja.

—Hola —dijo la niña.

—Hola —contestó Pedro.

—¿Qué haces por aquí? —preguntó el muchacho—. ¿De dónde vienes?

—Navego en la nao *Santa María* del almirante Cristóbal Colón. Vamos a descubrir una nueva ruta a las Indias.

—Mi padre dice que no existe otra ruta que no sea la que los portugueses encontraron por África. Dice que no hay nada más allá y que los que van en esos barcos son unos locos.

La niña asentía muy seria y Pedro sintió la sombra de una duda, pero replicó:

—El almirante sabe muy bien lo que hace. Ha navegado muchos mares y conoce la Geografía, la Astronomía y todas las ciencias necesarias.

Los dos le miraron con curiosidad y admiración mientras le abrían la verja de acceso.

—Pasa.

—Gracias. Me llamo Pedro. ¿Cuáles son vuestros nombres?

—Yo soy Álvaro y ésta es mi hermana María.

Los dos hermanos se parecían mucho. Ambos eran altos, con el cabello casi rubio, la piel tostada y los ojos claros.

—Cuéntanos cosas del barco —pidió María—. Nosotros nunca hemos navegado fuera de la isla. Vivir siempre aquí es un poco aburrido.

Pedro habló con entusiasmo, como si fuera un marinero experto. Les explicó que la *Santa María* era un hermoso barco que sacaba un metro de eslora a la *Pinta* y dos metros a la *Niña,* y que podía desplazar hasta 110 toneladas, casi el doble que sus dos compañeras de navegación. Les describió detalladamente el barco, desde el castillo de proa al de popa, y cómo él ya había ayudado a izar las velas en cada uno de los palos: el trinquete, el palo mayor y el de mesana. Les contó que el almirante guardaba la llave de la bodega, donde se almacenaban el agua dulce, las provisiones, las armas y otras mercancías. Todo estaba cuidadosamente colocado, con ánimo de aprovechar lo mejor posible el reducido espacio.

Finalmente, les habló de la sencilla vida que llevaban a bordo. La tripulación pasaba el tiempo en cubierta: allí trabajaban, holgazaneaban, comían y dormían —si hacía buen tiempo, se dormía en cubierta; si no, en un rincón de la bodega—. Para el trabajo se establecían turnos escrupulosamente respetados, de modo que la gente disponía de bastante tiempo libre. La comida la hacían en cuclillas, pues no había asientos más que para el capitán y sus pilotos. Una sola fuente que se iban pasando servía de plato común. Había buen ambiente a bordo, porque todos esperaban mucho de aquel viaje.

Álvaro y María escuchaban con atención.

—El año que viene me haré soldado —afirmó Álvaro—. Así podré salir de esta isla y conocer mundo. ¿Vosotros cuándo partís?

—Eso no lo sabemos...

—Yo sí sé una cosa de vuestro capitán... —dijo María, misteriosamente.

—¡Tú que vas a saber! —replicó su hermano.

—Lo he oído contar a nuestra madre cuando hablaba con sus amigas...

—Puede ser —concedió Álvaro—. Ahora todo el mundo habla de ese tal Cristóbal Colón. Unos dicen que está loco; otros, que es un experimentado navegante y que sabe muy bien adónde va... Incluso hay quien piensa que sabe más de lo que cuenta.

—¿Qué quieres decir? —preguntó Pedro.

—Quiero decir que es posible que ese Colón oculte algo... Pero todo se acabará sabiendo.

—Yo sí sé por qué no os vais —insistió María, molesta de que no la hicieran caso.

—Pues, anda, dilo de una vez.

María sonrió y bajó la voz.

—Vuestro Almirante está esperando a la dama de la isla...

—¿Y quién es la dama de la isla?

—Una mujer de la que está enamorado...

—¿Enamorado? ¿Don Cristóbal tiene un amor en esta isla? —intervino Pedro.

—Eso se cuenta...

Pedro evocó la misteriosa figura de Colón. Ciertamente se sabía muy poco de él. Incluso se discutía si su nombre era el verdadero, y hasta se dudaba sobre su lugar de nacimiento y su edad, cuestiones que él nunca aclaraba del todo.

—Bueno, dejémonos de cuentos y vamos a lo práctico —propuso Álvaro—. Seguro que tienes hambre.

—La verdad es que sí...

—Voy a buscarte algo de comer.

Mientras su hermano entraba en la casa, María se puso a cantar. Su voz sonaba suave y melancólica en la tarde.

*Llorad las damas,*
*sí Dios os vala,*
*Guillén Peraza*
*quedó en la Palma,*
*la flor marchita*
*de la su cara.*

*Guillén Peraza,*
*Guillén Peraza,*
*¿dó está tu escudo?,*
*¿dó está tu lanza?*
*Todo lo acaba*
*la malandanza...*

«Todo lo acaba la malandanza...», repitió Pedro silenciosamente. Y de repente, se sintió conmovido y triste, sin saber muy bien por qué.

Al poco rato, Álvaro regresó con una fuente donde había un cuarto de hogaza, un pedazo de queso y unos cuantos dátiles e higos secos de los que Pedro dio buena cuenta. Sus nuevos amigos le miraban un poco sorprendidos por su apetito.

Con el estómago satisfecho, se le soltó la lengua y siguió hablando de todo aquello que imaginaba sobre su viaje.

—Y vendré a veros cuando volvamos de las Indias... —dijo impulsivamente.

—Si volvéis... —apostilló Álvaro.

Pero al advertir las caras de sus dos interlocutores, añadió:

—Claro que vais a volver...

Pedro fue consciente entonces de que la suerte del viaje estaba en el aire. Más de uno pensaría que no iban a volver, como había sugerido espontáneamente Álvaro. No quería imaginar esa posibilidad. De repente, se sintió muy cansado.

—¿Me dejaríais dormir en vuestro jardín? No me apetece volver al barco. Allí sólo se está bien cuando se navega.

—Elige el sitio que más te guste. Esta parte del jardín está cerrada y aquí no vienen los perros ni nadie se acercará a molestarte —replicó Álvaro.

—Gracias, sois muy amables.

Los tres se despidieron y Pedro se tumbó bajo la sombra de un árbol cuya copa parecía prestarle abrigo sin impedirle disfrutar del brillo parpadeante de las estrellas.

Mientras intentaba dormir, una idea fija le rondaba la cabeza. ¿Quién sería «la dama de la isla»? ¿Llegaría a conocerla algún día?

# POR EL MAR TENEBROSO A LA TERRA INCOGNITA

En cuanto rayó la luz del alba, Pedro saltó la verja y echó a correr por laberínticas callejuelas para llegar al puerto lo antes posible y que no le echaran en falta. Nada más entrar en el muelle de atraque, percibió una gran actividad: gritos, órdenes, embarque apresurado de mercancías... Todo se estaba disponiendo para zarpar de inmediato. Tal y como suponía, nadie le riñó por su escapada, pues todos parecían estar pendientes de otras cuestiones.

Partieron el 6 de septiembre. No hacía el calor bochornoso de los días pasados, lo cual facilitaba las labores de navegación. Con viento favorable, las tres naves llegaban a alcanzar los ocho nudos. Y los vientos no podían ser más favorables: eran los alisios, cálidas corrientes que soplan siempre en la misma dirección.

Tan plácida resultaba la travesía que, al cabo de los días, casi parecía monótona.

Hasta que una mañana...

—¡Mirad, mirad lo que hay allí!

Todos se asomaron a estribor, hacia donde señalaba el brazo de un marino aterrorizado, que no cesaba de santiguarse. Por aquellas aguas aparentemente en calma, flotaban los restos de un navío naufragado: maderas rotas, cáñamos, un cofre abierto y vacío... Pedro sintió una punzada de angustia. No era supersticioso, pero no le parecía un buen presagio tropezarse con los despojos de un barco hundido. Era el 11 de septiembre. Afortunadamente, tres días más tarde se posó en el palo mayor una alondra de mar, lo cual se interpretó como buena señal.

Pocos días después, entre muchas algas, se halló un cangrejo vivo, que el almirante estudió con gran interés.

—Esto es signo de que la tierra no puede estar lejos. Incluso el agua del mar parece menos salada que la de las islas Canarias, y la brisa más suave...

—Sí, sí, pero ¿y si estos vientos que nos empujan hacia el oeste luego no pueden ser cambiados por otros que nos permitan volver? —preguntó un marinero.

—Eso —increpó otro—, ¿cómo sabéis vos que encontraremos vientos que nos empujen en dirección contraria para el regreso?

—Los vientos corren en todas las direcciones; yo os aseguro que hallaremos vientos favorables para la vuelta.

Algunos marineros se conformaban, pero otros criticaban por lo bajo y Colón lo sabía. Sabía también que los capitanes de la *Pinta* y la *Niña* tenían problemas muy parecidos a los suyos.

Mientras tanto, la vida en el barco seguía su ritmo invariable. Había dos momentos al día en que toda la tripulación se reunía en cubierta. Por las mañanas, el almirante pasaba lista, nombrando a cada uno para comprobar que no faltaba nadie, verificar si alguien estaba enfermo y establecer los turnos de trabajo. De oírlos cada mañana, Pedro se fue aprendiendo los nombres de los tripulantes de la *Santa María*: los pilotos Juan de la Cosa, Sancho Ruiz de Gama, Cristóbal García Sarmiento; los marineros Juan de Moguer, Gil Pérez, Pedro Arráez, Juan Ruiz de la Peña, García Fernández, Juan Verde de Triana, Bartolomé Roldán, Sancho de Rama..., y bastantes más que no conservaría mucho tiempo en la memoria; pues, como lo común es tener más relación con unos que con otros, se olvida fácilmente el nombre y la fisonomía de aquellos a los que se trata menos. A quienes no olvidaría nunca Pedro era a sus compañeros los grumetes, porque él era el mayor de ellos y, por así decir, su jefe: Juan Arias, Pedro Tejero, Fernando de Triana y Juan Cuadrado.

El otro momento, más solemne e íntimo, en que todos se juntaban, era a la caída del sol. Entonces el almirante daba los datos de situación y las millas avanzadas en la singladura, y respondía las preguntas, propuestas y protestas de la tripulación. Para evitar suspicacias y temores, hacía una pequeña trampa, escribiendo dos posiciones diferentes: una, la real, que se reservaba para él solo; y otra, manipulada, que ponía a disposición de la tripulación. Así intentaba mantener la moral alta e inspirar confianza en sus hombres.

Luego, todos juntos cantaban la *Salve*; ya no en un templo ornado de flores frescas y perfumado de incienso, como la última que cantaran en tierra, sino bajo la inmensa bóveda del cielo y con el rumor del oleaje como música de acompañamiento. Ese rezo que todos conocían desde la niñez les reconfortaba y les hacía sentir como en casa, a pesar de navegar aguas extrañas por las que ningún ser humano se había aventurado antes.

*Salve, regina,*
*mater misericordiae,*
*vita, dulcedo,*
*spes nostra, salve.*

Los marineros creían firmemente que la Virgen María, a la que estaban apelando, les protegería y guiaría en aquella expedición como una buena madre. Fuera cual fuera su condición moral, los tripulantes eran piadosos. La víspera de salir del puerto de Palos, todos habían oído misa en el monasterio de La Rábida y habían participado en una procesión. Por tanto, creían que sus pecados estaban perdonados y que, si morían en aquel empeño, irían al cielo. Eso les había dicho el fraile predicador. Y lo cierto es que, dada la vida que se hacía en el barco, no se podía cometer otro pecado que no fuera la blasfemia; y ése ya procuraban no cometerlo, porque el castigo podía consistir en ser arrojados por la borda.

Pedro, que todo lo observaba, pronto descubrió que el mayor tesoro de la *Santa María* era la brújula. Este instrumento, apoyado en la orientación de la Estrella Polar, permitía la navegación por aquel océano desconocido sin variar el rumbo. También vio cómo usaba Colón el cuadrante, un cuarto de círculo suspendido con dos agujeros a través de los cuales se miraba: uno se alineaba con la Estrella Polar y el otro con el Sol. A pesar de la existencia y seguridad de estos dos instrumentos científicos, llegó a pensar que muchas veces el almirante calculaba a ojo, fiándose de su intuición y su gran experiencia.

Hasta aquel momento, la tripulación, aparte de los comentarios en voz baja, no mostraba demasiado miedo de protagonizar una aventura tan peligrosa. Pero a medida que pasaban los días y los vientos no cambiaban, el ambiente iba empeorando. Pedro veía cómo el almirante dialogaba hasta el agotamiento con sus hombres, algunos de los cuales le llevaban la contraria con violencia y se mostraban partidarios de dar media vuelta y regresar a España. Él, a veces, lamentaba ser demasiado joven y tímido para intervenir en aquellas conversaciones en apoyo del almirante. Recordaba la profecía de fray Juan: «Hay marineros que piensan que, navegando siempre hacia el oeste, se tiene que llegar a alguna parte…».

El día 13 de septiembre, Pedro se dio cuenta, por los rumores que corrían en cubierta, de que algo no iba bien. Colón trataba de ocultarlo, como de costumbre, disimulando todos los inconvenientes para no alterar a la tripulación. Parecía que la brújula se había vuelto loca: si la gente se enteraba de eso, la mayoría de los marineros se sublevarían. Supersticiosos como eran casi todos, creerían aproximarse a los infiernos o a otro lugar fatídico donde ni las brújulas ni los instrumentos de navegación funcionarían.

Ninguno de ellos, ni el propio Colón, podía saber que había un error de cálculo en cuanto a las dimensiones del globo terráqueo; este error llenó a Colón de temores que no podía comunicar a nadie. Algunos marineros sospechaban que su capitán les engañaba en los cálculos. Y en verdad así era. El 17 de septiembre, el almirante aseguró que había conseguido corregir las desviaciones de rumbo, con la excusa de que era la Estrella Polar y no la aguja magnética la que se desviaba.

No todos le creían. Mientras las murmuraciones y protestas arreciaban, él pasaba horas en su refugio bajo el castillo de popa revisando cálculos y trazando en sus mapas y cartulanos esas líneas imaginarias que llaman meridianos. Por suerte, en los días siguientes, la observación de algunas gaviotas y un par de aves palmípedas les hicieron creer que la tierra estaba cerca y los ánimos de todos se alegraron.

Mas la alegría no duró mucho tiempo. Mientras el almirante consultaba sus papeles y observaba sin cansancio el movimiento oscilante de la brújula y el parpadeo fijo de la estrella, su tripulación, cada vez más temerosa, navegaba por un mar que se había vuelto de color verde, cubierto de algas y hierbas flotantes tan consistentes, que parecía que se pudiera andar sobre ellas.

—¡Estamos en el lugar de la antigua Atlántida! —gritó un marinero pavorosamente—. Estas praderas son los restos de ese cataclismo del que hablaban los sabios antiguos. ¡Nosotros también vamos hacia nuestra perdición! ¿Quién os dice que ésta no es la ruta de los infiernos?

—¡Callad a ese hombre! —ordenó Colón—. Si no calla, ponedle grilletes y a la bodega con él.

Entre dos, trataron de tranquilizar a aquel marinero que parecía haber enloquecido de terror. La calma chicha del lugar, el extraño paisaje que se ofrecía a sus ojos y, sobre todo, el silencio, sin olas, sin brisa alguna, encogían el corazón.

—¿Cómo sabemos que no hay monstruos que nos van a devorar, que van a surgir en cualquier momento de las profundidades, en cuanto caiga la noche?

El hombre seguía gritando mientras los marineros lo conducían a la bodega. Nadie más hizo ningún comentario, pero todos estaban afligidos y atemorizados.

Pasaron tres días en aquel extraño lugar que luego se llamaría el mar de los Sargazos. Los marineros se encontraban ya al borde de la rebelión. El ambiente era tan tenso que Pedro procuraba escabullirse y no meterse en nada, porque la irritación vuelve muy agresivos a los hombres y a él no le apetecía tener disputas ni ser apaleado o insultado por nadie. Hasta que los nervios estallaron y ya no fue posible poner grilletes a todos los disidentes.

—¡Regresemos a España antes de que sea demasiado tarde!

—Pero ¿estáis seguros de que contamos con víveres y agua dulce suficientes para la vuelta?

—¡Vamos a morir! Sí, todos vamos a morir...

Era el día 20 de septiembre y aquella noche Pedro soñó que se moría. La muerte no resultaba tan terrible como le habían contado: creyó resbalar por un tobogán interminable en el que no podía retroceder, que trazaba espirales sin fin hacia abajo... No, morir no era difícil. Bastaba con cerrar los ojos y quedarse quieto; entonces todo estaba tranquilo, como cuando era niño y su vieja nodriza Abundia corría las cortinas del dormitorio y apagaba el candil antes de irse.

Recobró la conciencia pensando que se hallaría en la antesala del Paraíso y podría por fin ver a su madre, a la que sólo conocía por las descripciones minuciosas y nostálgicas que, entre suspiros, le hacía de ella la nodriza, porque su padre nunca la nombraba. Descubrió, asombrado, que se encontraba aún en la *Santa María*, navegando rumbo a lo desconocido, hacia aquella Terra Incognita donde los mapas enmudecían. No, no estaba en casa y quizá no regresaría nunca...

Por primera vez desde que saliera del puerto de Palos, Pedro sintió ganas de llorar. Las lágrimas sabían saladas como el mar. Se las secó furtivamente, antes de que nadie pudiera verlas. Las horas pasaban con una lentitud desesperante. Hacía un calor bochornoso. La comida empezaba a tener mal sabor. Llevaba demasiado tiempo guardada en la bodega, con humedad y altas temperaturas que no ayudaban a su conservación.

Así pasaron cinco terribles días más. El 25 de septiembre, la situación se había vuelto insostenible. La tripulación estaba al borde de la rebelión y no dejaba de murmurar. Martín Alonso Pinzón subió a bordo de la *Santa María* para discutir con Colón lo que se haría en caso de motín. Nadie pudo escuchar su conversación, pero el rostro serio y preocupado de Pinzón cuando abandonó el barco era bastante elocuente.

Aquella misma tarde, un grito rasgó los aires, de carabela a carabela. Un grito jubiloso, el que todos esperaban oír:

—¡Tierra a la vista! ¡Tierraaa!

Lo daba Martín Alonso Pinzón, desde la *Pinta*. Los marineros subidos en los palos coreaban:

—¡Tierra! ¡Tierraaaa!

Todos se esforzaban en mirar, avizorando el nebuloso horizonte, pero la tierra tan deseada no se veía. Pudo ser un espejismo, una nube baja, una sombra. De todas formas, el almirante ordenó:

—Poned rumbo al suroeste y mantenedlo hasta que yo os diga otra cosa.

Los hombres habían cambiado de ánimos por completo. Parecían olvidar que, sólo un rato antes, querían volver a España o tirar por la borda a su capitán. Desde ese momento, todos escrutaban el horizonte, cada uno de ellos ansioso por ser el primero en divisar tierra y así ganar la recompensa ofrecida por los Reyes. Mientras tanto, algunos se pusieron a pescar en las tranquilas aguas y capturaron varias doradas. También divisaron patos.

El 7 de octubre sonó un disparo de lombarda. Era el capitán de la *Niña* quien lo había ordenado para celebrar que la tierra estaba allí, al alcance de la mano. Pero lo cierto es que todavía no habían llegado.

A los cuatro días de aquel disparo, todos constataron que el mar no olía como de costumbre: olía a costa cercana. Había pájaros que les sobrevolaban lanzando graznidos chillones y por las aguas se veían restos flotantes procedentes de tierra, palos, ramas, cañas..., que nada tenían que ver con la hierba de los sargazos.

La noche del 11 al 12 de octubre, Pedro no pudo dormir. En su insomnio, escuchaba deambular por cubierta al almirante, que tampoco dormía. Serían las diez de la noche cuando el grumete creyó ver una luz temblorosa a lo lejos. Se levantó de un salto.

—¡Señor almirante! ¿No veis una luz?

Colón observó ávido las tinieblas.

—No estoy seguro... Pero avisa a Pedro Gutiérrez y a Rodrigo Sánchez, que quiero reunirme con ellos ahora mismo. Y después, vete a dormir.

Emocionado, Pedro fue a llamar a Pedro Gutiérrez, tapicero del Rey y gran amigo de Colón, y a Rodrigo Sánchez de Segovia, inspector de la Corona, que debía dar el visto bueno a cuanto aconteciera. Obedeciendo a su capitán, se tumbó en el pequeño espacio que le servía de lecho. Pero no podía dormir ni tampoco quería, porque prefería estar despierto para ser el primero en enterarse de lo que pasara. Oía el susurro excitado de los tres hombres discutiendo a aquellas horas e intentaba, en vano, entender lo que decían, hasta que la emoción y el cansancio le rindieron y, bien a su pesar, quedó dormido.

Al margen de la recompensa de diez mil maravedíes ofrecida por los Reyes a quien viera primero tierra, el almirante había prometido, como regalo personal, un jubón de seda. A las dos de la mañana del viernes, 12 de octubre de 1492, Colón tuvo conciencia de haber llegado a dos leguas de la tierra más próxima. Hizo amainar las velas, excepto la mayor, y esperaron la luz del día para desembarcar.

Al fin ya todo era animación a bordo. El almirante y los señores principales se vestían con sus mejores galas y preparaban las banderas y los estandartes, pendones y gallardetes que habrían de exhibirse, así como una cruz. Lo que nadie podía decir a ciencia cierta es quién había visto tierra primero. Un marino de la *Pinta*, Rodrigo de Triana, reclamó ese derecho. Otros también lo hicieron y el almirante decidió no adjudicar a ninguno ese honor, que, para ser justos, se debería repartir entre muchos.

Habían trascurrido setenta días desde su salida del puerto de Palos. Era imposible que Colón lo hubiera podido calcular; sin embargo, el siete y sus múltiplos serían su número de la suerte. En su firma habitual usaba siete letras dispuestas en forma de pirámide. ¿Por qué el almirante sentiría tanta devoción por el número siete? Ésta es una de las muchas incógnitas sin resolver de Cristóbal Colón.

## ¿DEMONIOS O DIOSES?

Habían llegado a tierra. El almirante fue el primero en desembarcar al frente de sus hombres. En una mano portaba el estandarte de Castilla y León; en la otra, el pendón que los Reyes habían otorgado para la expedición, en el cual sus regias iniciales se entrelazaban sobre una cruz heráldica de color verde. El notario real leyó en voz alta el acta de toma de posesión, para la Corona de Castilla, de aquellas tierras a las que Colón dio el nombre de San Salvador. No les acompañaba ningún sacerdote ni fraile, pero dos hombres hincaron en la arena una cruz.

Al principio, la playa parecía vacía. Pronto, sin embargo, aparecieron unas figuras humanas entre la maleza. Para los españoles, eran salvajes, tribus sin civilizar de alguna parte remota de las Indias, y por eso fueron para siempre *indios*. Los indígenas, que contemplaban con desconfianza y asombro a aquellos extraños visitantes de piel tan clara, no sabían si eran dioses o demonios: sus descomunales barcos, mucho mayores que sus piraguas más grandes, incluso que sus cabañas, sus cascos metálicos relumbrando al sol y sus capas de colores les admiraban y espantaban a un tiempo.

Antiguas leyendas indígenas decían que un día vendrían por el mar dioses blancos para ayudarles. Unos pensaban que aquéllos tenían que ser los mismos dioses o sus emisarios, y se arrodillaron ante ellos; otros retrocedían con temor. En las miradas y los gestos de indios y españoles se advertía la extrañeza recíproca que sentían los unos por los otros.

Al fin, un indígena que parecía ser un jefe se dirigió instintivamente a Colón, quien por sus ricas ropas, su actitud y los dos estandartes que llevaba mostraba bien a las claras ser también el jefe.

El indígena levantó la mano solemnemente al sol y dijo:

—*¡Yaya, Yaya!*

Colón traía consigo a un par de personas expertas en lenguas orientales, pero ninguno de ellos conocía esa expresión. Supusieron que quería decir que el sol era dios y que Colón y sus acompañantes habían sido enviados por él.

Por señas, preguntaron a los indígenas cómo se llamaba aquel lugar. Ellos respondieron:

—*Guanahani...*

El almirante les intentó hacer comprender que, a partir de ese momento, se llamaría San Salvador y pertenecería a la Corona de Castilla. A continuación, dio órdenes de repartir entre los indígenas algunos de los regalos de poco valor que había traído: collares de cuentas de vidrio, espejos y unos gorros de color rojo que fueron muy aclamados. Por su parte, los españoles enseguida vieron que los indígenas se adornaban la nariz con pendientes de oro y se los pidieron. El primer intercambio se produjo sin problemas.

Pasada la desconfianza inicial, los indígenas querían tocar y examinar todo lo que los descubridores llevaban consigo: sus ropas, sus objetos, sus armas. Su cultura no conocía el hierro de las espadas, y el primero que se acercó a tocar una lo hizo por el filo y se cortó el dedo.

Mientras tanto, los hombres de Colón, que habían asistido en respetuoso silencio a la ceremonia de desembarque, al terminar tan solemne acto rompieron en vítores de alegría. Corrían por la orilla, se arrodillaban a besar la tierra, tocaban con exclamaciones las hojas gigantescas y nunca vistas de algunos árboles y arbustos. Los más atrevidos se acercaban a los pobladores y trataban de entablar comunicación con ellos, mediante gestos y mímica, que pronto se convertiría en lengua hablada. Palabras como *canoa, piragua, cacique, cacao, hamaca*... formaron parte enseguida del léxico de los españoles y, más tarde, del de los europeos.

Pedro, demasiado tímido al principio para entablar contacto humano, prefirió admirar el color del cielo, las flores, los frutos, los animales nunca vistos, pero sin dejar de observar a los seres humanos pobladores de aquellas latitudes. Los habitantes del lugar iban casi desnudos o cubiertos con una sencilla tela blanca. Sus cabellos, muy negros, les caían sobre la frente. Unos pocos, que debían de ser los jefes, llevaban vistosas plumas adornando su cabeza y largos collares de conchas y piedras de colores.

Aparentemente, los taínos, que así se llamaban a sí mismos, vivían en una especie de paraíso terrenal, sin tomarse demasiado trabajo para su sustento. Comían lo que la tierra generosamente les ofrecía: mascaban hojas, trituraban flores, sorbían frutos con la misma habilidad con que vaciaban conchas de moluscos y de tortugas.

Para el vestido, tampoco se complicaban la vida: se cubrían apenas con telas ligeras y robustas a un tiempo, tejidas con hilos que extraían de una planta llamada *algodón*. Dormían en el suelo, sobre una especie de alfombras de fibras vegetales, *esteras*, o bien en unas redes suspendidas de árboles y que llamaban *hamacas*. Los españoles descubrieron muy pronto que esta rústica forma de dormir era más cómoda de lo que a simple vista parecía y muchos marineros la adoptaron desde entonces. Eso enseñó a Pedro que, incluso de pueblos primitivos y menos avanzados, se pueden aprender cosas útiles.

Una norma, sobre todas, impuso con gran insistencia el almirante:

—Tratad a los habitantes de estas tierras con la mayor cortesía, evitad irritarles o disgustarles, y tomad por las buenas, nunca por la fuerza, lo que puedan ofrecernos.

Sus órdenes fueron seguidas durante las siete semanas que navegaron descubriendo diferentes islas, que todas ellas juntas llamaban las Bahamas, de modo que las relaciones con los indígenas fueron buenas. Nadie podía sospechar entonces que lo peor estaba por llegar, que no todos tenían el espíritu tolerante y benévolo del almirante ni todos los indígenas aceptarían la convivencia con los españoles de manera pacífica, como estaba ocurriendo entonces.

Nada allí era lo que parecía. Acaso porque no hay paraíso que no esconda una serpiente. Una mañana en que descansaban tranquilamente en la playa, algunos marineros, imitando a los indios, se zambulleron en las aguas cristalinas, atreviéndose a nadar mar adentro por aquella superficie que parecía infinita. De repente, un terrible alarido rompió su pacífico reposo: el grumete Juan Arias, que se había lanzado a nadar más lejos que nadie, braceaba desesperado. Cuando acudieron en su auxilio, observaron con horror que el agua en que se debatía estaba teñida de sangre y que tenía una pierna arrancada de cuajo.

—*Tiburón* —dijo uno de los indígenas, acompañándose de mímica mientras señalaba una sombra oscura, de apariencia inofensiva, que se deslizaba bajo las aguas.

El tiburón tenía la forma y el tamaño de un delfín, pero resultaba mortífero por sus varias filas de dientes afilados siempre dispuestos al ataque. El desgraciado grumete perdió su pierna, mas salvó su vida, gracias a la habilidad del médico de la *Santa María*, que le hizo un torniquete, y de los indígenas, que aplicaron a su herida ciertas hierbas con las que se consiguió una rápida cicatrización.

Así descubrieron que no había que fiarse de aquellas maravillosas playas. Su arena blanca podía esconder escorpiones de dolorosa picadura, y por sus aguas azul turquesa bogaban medusas y tiburones. La tierra que pisaban era, sin duda, la más hermosa que habían visto en su vida, pero no era el Paraíso.

El 17 de octubre llegaron a una isla nueva que el almirante llamó Fernandina, en honor del rey Fernando de Aragón. Algunos días más tarde arribaron a otra a la que dio el nombre de Isabela, por la reina Isabel de Castilla. Enseguida se dio cuenta Colón de que ninguno de esos territorios eran las Indias que buscaba ni las regiones orientales que recorriera el veneciano Marco Polo, ricas en especias y sedas que los comerciantes portugueses traían en sus barcos. Era necesario aproximarse a aquellas tierras lo antes posible.

Al almirante, además del oro, le preocupaba finalizar su búsqueda y llegar a las Indias, a las verdaderas Indias donde tantas riquezas les esperaban; y, sobre todas ellas, su triunfo como marino, el cumplimiento de sus hipótesis, que tantos años y tanto sufrimiento le estaba costando verificar.

Un día, uno de sus hombres, llamado Luis de Torres, que conocía las lenguas árabe y caldea y presumía de poder entenderse con los indígenas, vino con una gran noticia:

—Señor, los taínos me han hablado de una isla mayor que todas las que conocemos, a la que llaman Cuba. ¿Es posible que se trate de Cipango? Según mis estudios, Cuba puede ser una deformación del nombre Cipango, y, si es así, quiere decir que la ruta de las especias queda abierta...

Colón, al principio, dudó. Los taínos parecían asustarse cuando se les preguntaba por el Gran Khan, pues creían que aquellos extranjeros hablaban de los «caníbales». Por este malentendido, no siempre daban la información correcta. Sin embargo, Cipango, que luego se conocería como Japón, era la isla más próspera de Asia, muy cercana a China. Esto animó al almirante a zarpar lo antes posible, a pesar de sus dudas.

El 28 de octubre desembarcaron en la costa noroeste de dicha isla. Allí, Colón ordenó a Luis de Torres y a otro caballero de su confianza que, acompañados de dos indios, partieran en busca del rey o el Gran Khan, y que le llevasen como regalo algunas de aquellas mercancías de poco valor que tanto éxito tenían.

Seis días tardó en volver la pequeña expedición. El 6 de noviembre se presentaron intentando disimular su decepción.

—No hemos encontrado ningún rey ni esta isla puede ser Cipango...

—¿Qué habéis encontrado?

—Hemos sido amistosamente recibidos por un pueblo muy pacífico que habita el interior de la isla, un lugar hermoso y fértil; pero no han podido darnos ninguna información sobre Cipango...

Lo más notable de aquella aventura fue que trajeron dos regalos muy especiales, que luego tendrían muy buena acogida entre la tripulación. El primero consistía en unas hojas secas, enrolladas mediante una boquilla, que se encendían con un poco de brasa y se introducían en la boca o en las fosas nasales, aspirando el humo producido. Era el tabaco, y parece que su consumo proporcionaba tal placidez y alegría a los hombres, que enseguida se popularizó.

Pedro y los otros grumetes también quisieron probar, pero todos ellos se pusieron a estornudar y a lagrimear de tal modo que los marineros adultos se rieron en sus barbas, advirtiéndoles que eran demasiado jóvenes para aquel producto, el cual estaba claro que sólo convenía a hombres bien curtidos.

La otra novedad fueron unos tubérculos llamados *batatas* por los indígenas, los cuales, cocidos, resultaban sosos, pero combinaban bien con cualquier otro alimento, fuera carne, pescado o dulce. Las flores de esta planta eran grandes, con forma de campana, blancas por fuera y rojas por dentro. Habían visto ya tantas flores de extrañas formas y extraordinario colorido, que éstas no les llamaron demasiado la atención.

—En vez de trigo, cultivan una planta cuyos granos son mucho mayores que los del trigo. La llaman *milpa* o *maíz*, y dicen que es muy nutritiva —explicó Luis de Torres.

Mientras los recién llegados exploraban sus dominios, los indígenas empezaban a cansarse de verlos por allí, si bien el almirante no quería darse por aludido. Su presencia y sus demandas les incomodaban.

Algunos españoles preguntaban constantemente:

—*¿Caona? ¿Caona?*

Era la primera palabra del arahuaco* que habían aprendido y casi la única. *Caona* significaba oro. Los indígenas, cansados, les daban falsas indicaciones para quitárselos de encima. A fin de cuentas, ellos no entendían que ahora tenían otro soberano, unos reyes lejanos que les gobernaban desde el otro lado del océano, a leguas y leguas de distancia. Por lo tanto, lo que querían era que se fueran los intrusos para seguir viviendo a su aire.

Quizá por eso, para quitárselos de encima, unos cuantos taínos hicieron creer al almirante que existía una isla repleta de oro y con todos los tesoros naturales del Paraíso Terrenal, el cual, en opinión de Colón, no podía encontrarse muy alejado de aquellos parajes. La tal isla se llamaba Babeque y estaba al noroeste de la desembocadura de un río de nombre Mares. El almirante los creyó, pero Martín Alonso Pinzón, mucho más escéptico, se negó a seguir aquella ruta improbable. Pedro oía inquieto sus cuchicheos cuando el almirante se retiraba a dormir y ellos continuaban su charla sentados junto al fuego.

—Esto es una locura... Colón no se da cuenta de que los indios le están engañando.

—¡Deberíamos darles un escarmiento para que se enteren de que no pueden jugar con nosotros de esta manera!

—Sí, pero Colón no lo permitirá.

—¿Qué podemos hacer?

Pedro estaba de guardia la noche del 20 al 21 de noviembre. En algún momento de la madrugada, le rindió el sueño. Cuando despertó y se asomó por la borda, comprobó con estupefacción que al paisaje le faltaba algo: la silueta graciosa y oscilante de la *Pinta*.

—¡La *Pinta* ha desaparecido! ¡La *Pinta* ha desaparecido! —gritó con desesperación.

No la había engullido el mar ni la habían robado los indígenas. Simplemente Martín Alonso Pinzón se había ido por su cuenta con su carabela, sin dar razón alguna al almirante.

Era el primer acto de insubordinación grave, mas Colón hizo como si nada hubiera ocurrido. Al día siguiente se dispusieron a navegar hacia la supuesta isla de Babeque. Por desgracia, los vientos contrarios impidieron zarpar y no pudieron hacerlo antes del 4 de diciembre. Los vientos les llevaron hacia el este y dos días más tarde, el 6 de diciembre, se toparon con una gran y hermosa isla que, sin embargo, no era Babeque, porque en ella no hallaron ni las minas de oro, ni los árboles del pan, ni los ríos de miel, ni ninguno de aquellos tesoros fantásticos que los indígenas les habían hecho creer.

El almirante dio a aquella isla el nombre de Hispaniola, o sea, Pequeña España, aunque poco más tarde prefirió ponerla bajo la advocación de un santo y la llamó Santo Domingo. Los mapas estaban sin estrenar y era fascinante poder bautizar cada isla y cada costa. Los nombres indígenas resultaban incomprensibles para los españoles. A ellos, que la isla se llamase Haití no les decía nada, porque ese nombre sólo les parecía un conjunto de sonidos sin significación alguna.

Cercana a ésta había una pequeña isla que luego sería refugio de piratas y bucaneros: la isla de la Tortuga, llamada así por su forma o quizá porque en sus calas abundaban tortugas gigantes cuya carne podía comerse y sus caparazones utilizarse para diversas funciones.

Se acercaba la noche de Navidad, esa noche sagrada que tanta nostalgia traía, con la añoranza de la casa y los seres queridos que estaban tan lejos. Iban a celebrarla por primera vez en aquel mundo nuevo. Todo era extraño y diferente a los recuerdos navideños de otros años. Pero aunque ni el mar ni el cielo parecían ponerse de acuerdo con la fecha, el calendario les decía que estaban a 24 de diciembre.

Aquella tarde habían hecho una fiesta y acabaron todos rendidos de cansancio. El almirante cedió el timón a su piloto de confianza, Juan de la Cosa, y se retiró a descansar. El piloto, vencido por la modorra, pasó el timón a un joven e inexperto marinero... Éste fue su error, del que se avergonzó tanto que, cuando sucedió la catástrofe, Juan de la Cosa salió huyendo a nado, de lo culpable que se sentía.

El piloto novato, incapaz de maniobrar debidamente, no pudo evitar que la corriente arrastrara la *Santa María* a un banco de arena haciéndola zozobrar.

Antes que los gritos de auxilio, una brusca sacudida despertó a todos. Pedro contempló despavorido el barco escorado como no lo había visto nunca. Inútil mantenerse en pie sobre la cubierta, porque si no se aferraba a algún punto fijo, se deslizaría como los peces, con riesgo de caer al agua.

—¡Lanzad al mar el bote de popa! —clamó el almirante.

Con grandes dificultades, se cumplió su orden.

—¡Ponedle un ancla y fondeadlo a la popa de la nave!

El objetivo era liberar la proa encallada en la arena gracias al peso de la popa, aumentado con el ancla. Pero los marineros que ocuparon el bote no pensaron en obedecer la segunda orden, sino en salvarse, y así se dirigieron al otro barco, la *Niña*, donde no se les quiso admitir a bordo.

Entre tanto, la marea iba bajando y el almirante, desesperado, dio una orden increíble:

—¡Cortad el palo mayor!

Así se hizo, y entonces fue cuando todos comprendieron que la *Santa María* estaba herida de muerte.

Mientras la tripulación de la *Niña* parecía ajena a las dificultades de los de la *Santa María*, escucharon el rumor suave de unas piraguas deslizándose sobre las aguas en torno a ellos. Entre los jefes indígenas con los que se relacionaron, el cacique Guacanagri pareció, en aquel momento, de los más amistosos. Este cacique fue quien les informó de que, más al interior, estaba la tierra de Cibao, muy rica en oro. No sabemos si lo hizo por ayudar a los españoles o por quitárselos de encima. El hecho es que, a causa de esta información, Colón tomaría la decisión de regresar a Castilla y volver con más naves para llenarlas de oro.

Guacanagri ahora acudía en su ayuda con sus hombres, mostrando, como dice el Evangelio, que a veces es más fácil recibir auxilio del extraño que del prójimo. Los indios vaciaron la carga de la *Santa María*, conscientes de que la heroica galera ya no tenía salvación. Era como despojar un cadáver. A Pedro no le importaba que le vieran llorar, porque él no era el único que lloraba. También lloraba el almirante; y algunos de aquellos hombres rudos, que habían visto muertes y violencias terribles, lloraban ante aquella embarcación hundida que había cumplido su misión de transportarles, sanos y salvos, hasta el otro lado del mundo, pero que no podría llevarles de vuelta a casa.

¿Qué hacer? El almirante lo ignoraba todo sobre la *Pinta*. Si el barco de Martín Alonso Pinzón hubiera estado allí, quizá se habría podido repartir la carga y los hombres entre ambas naves; pero la *Niña* era a todas luces insuficiente. Los marineros se daban cuenta de lo que pasaba y, como es habitual cuando las cosas van mal, aunque días antes hablaban con admiración del valor y la decisión de Martín Alonso Pinzón, cambiadas las tornas, se dedicaron a criticarle por haberles abandonado, a hablar mal del almirante por habérselo permitido, y a maldecir los elementos por haber hundido el barco. Cielos, mares, tierras e infiernos, todos eran culpables de lo que ocurría...

Por fortuna, el almirante no era hombre de lamentaciones, sino de decisiones. Enseguida buscó un lugar apropiado para construir un fuerte donde podrían permanecer un grupo de hombres que era imposible cupieran en la *Niña*. Pedro rezó para que no le tocara quedarse allí, pues su mayor deseo era seguir la ruta de descubrimientos con el almirante. Una vez más, tuvo suerte. Su nombre no sonó entre los 39 elegidos para habitar el fuerte al mando del noble Diego de Arana.

Los restos de la *Santa María* sirvieron para levantar aquellas sencillas paredes y empalizadas, lo cual pareció a todos un buen presagio. Lo llamaron fuerte Navidad, debido a la fecha en que había sucedido la catástrofe. En él se dejaron alimentos, armas y artillería que el almirante calculó podrían satisfacer las necesidades previstas durante un año. También se guardaron allí una buena cantidad de maderas y herramientas y se buscaron carpinteros que pudieran trabajarlas. Un médico quedó destinado para atender la salud del grupo. Finalmente, parecía importante contar con la amistad del cacique Guacanagri, que llamaba «hermano» al almirante, y que se mostraba dispuesto a ayudar en todo lo que fuera menester, como ya lo había hecho en el transporte y desguace de la *Santa María*.

Antes de partir, se organizó una fiesta de despedida donde Guacanagri presentó solemnemente a toda su familia, incluido su hijo mayor y sucesor, Agueybana.

En la fiesta, los taínos ofrecieron sus productos típicos: pescados, frutas, un pan distinto al de Castilla, pero pan al fin, y, sobre todo, sus bebidas: fuertes destilaciones que alegraban los ánimos y caldeaban el ambiente. A causa de esas bebidas, la despedida no fue tan protocolaria como la recepción; pero todos se retiraron a dormir tranquilos y felices.

Nada hacía prever, en aquella noche cálida y festiva, los trágicos acontecimientos que sucederían después en el fuerte Navidad.

# A LOMOS DE LOS VIENTOS

El 6 de enero de 1493, dos días después de abandonar el fuerte Navidad, un marinero que andaba de vigía en la *Niña* dio la voz de alerta:

—¡La *Pinta*! ¡La *Pinta*...!

En efecto, la silueta familiar de la *Pinta*, con sus velas desplegadas, apareció ante los navegantes de la *Niña* como un milagro. Vicente Pinzón, que andaba silencioso y esquivo desde la partida de su hermano, pareció recobrar de pronto su antiguo buen humor. Los dos hermanos se fundieron en un abrazo. A continuación, el almirante se encerró a hablar con Martín Alonso. Nadie supo lo que se dijo en aquella conversación, aunque no faltaron rumores de todo tipo. El caso es que Martín Alonso se incorporó de nuevo a la expedición como si no hubiera existido nunca aquel mes y medio de ausencia suya, en el que tantas y tan graves cosas habían sucedido.

El 16 de enero, Colón dio orden de regresar a España. Reconfortados por el reencuentro, empezaron a navegar hacia el noreste con vientos extraordinariamente favorables; tanto que las embarcaciones parecían volar en vez de navegar sobre las aguas, cabalgando a lomos de los vientos y las olas. Todos estaban muy felices de aquel fácil regreso, envalentonados por el hecho de que esa vez sí sabían adónde irían a parar. Pero pronto comprobarían que nada es tan fácil como parece.

El 4 de febrero, el almirante ordenó poner proa al este y, durante los siguientes ocho días, todo parecía ir bien. Mas el duodécimo día se levantó una tempestad tan violenta que temieron que las carabelas naufragasen y se perdieran sus vidas y, con ellas, la misión que llevaban de explicar que había un mundo nuevo al otro lado de la esfera. Porque en las carabelas ya no viajaban solos; iban con ellos algunos indígenas y muchos productos de la tierra recién descubierta, incluyendo piezas de oro con las que el almirante pretendía obsequiar a los Reyes y mostrar la riqueza de las nuevas tierras.

La tormenta duró tres días. Tres días en que las naves crujían por todos los resquicios de su maderamen. La cubierta era una balsa donde los hombres andaban tan empapados como si se hallasen sumergidos en el océano. El día se había vuelto oscuro como la noche. Las horas pasaban sin que vieran un claro ni una luz que les diera esperanza. Ateridos y zarandeados por un viento huracanado, se movían como fantasmas por cubierta obedeciendo a duras penas las órdenes del almirante, siempre atento a remediar destrozos, ahorrar fuerzas y mantener el rumbo en aquel infierno líquido. El almirante gobernaba la *Niña* con una increíble habilidad, aprovechando el viento y reservando las velas de tal modo que parecía que la tormenta les conducía y que les sacaría con bien de la pesadilla.

Cuando, al cuarto día, se restableció la calma, miraron alrededor y el silencio de aquel inmenso espacio marítimo les encogió el corazón: una vez más, la *Pinta* había desaparecido.

Pedro sabía que todos lo veían, pero le pareció que alguien debía comunicarlo oficialmente al almirante, que permanecía encerrado en su cámara, y nadie se atrevía a hacerlo. Entonces decidió que él mismo lo haría, a pesar de ser sólo un grumete.

Descendió al camarote de popa e informó escuetamente:

—Señor, la *Pinta* ha desaparecido.

En los ojos del almirante reconoció el brillo de una lágrima y en su boca un ademán de profunda tristeza.

Miró con serenidad a Pedro y, por vez primera en todo lo que llevaban de viaje, se desahogó con aquel muchacho que había sido amigo y compañero de juegos de su hijo:

—A lo largo de mi vida, me he sentido solo muchas veces, pero nunca he comprendido lo que era la soledad hasta este momento...

Pedro no supo qué contestar. Quizá era demasiado joven para poder expresar lo que sentía con las palabras adecuadas. Son situaciones difíciles en las que cuesta aprender a reaccionar. ¿Cómo decirle que no estaba solo, que con él iba gente dispuesta a todo por seguirle? Sólo se le ocurrió una frase vulgar.

—Señor, ¿no es magnífica la calma en que se ha quedado la mar? Ahora podremos navegar sin problemas...

El almirante sonrió y su expresión pareció suavizarse.

—Sí, ahora podremos navegar sin problemas. Mas, por si acaso los tuviéramos, vamos a hacer algo para evitar que todo se pierda.

Se dirigió a su mesa y sacó un par de pergaminos.

—Nuestras vidas pueden perderse, pero nuestro descubrimiento, no. Aquí he consignado lo más importante y, si naufragamos y se acaban nuestras vidas y con ellas todo lo que tenemos y sabemos, confío en Dios para que estos documentos se salven y lleguen a manos de algún buen cristiano que los ponga en conocimiento de nuestros señores los reyes Isabel y Fernando. Tráeme dos barricas vacías.

Pedro obedeció. En cada una de ellas encerraron uno de aquellos pergaminos y luego las taparon y sellaron. Una de las barricas fue lanzada al océano. La otra se fijó en el alcázar de popa. Hecho esto, el almirante suspiró y dijo:

—Cuando ya no está en nuestras manos hacer nada más, sólo nos queda rezar.

Mandó reunir a la tripulación en cubierta. Allí hizo prometer a todos los hombres que, si llegaban salvos a España, irían en procesión a una iglesia de la Virgen para dar las gracias por su buen regreso, igual que habían ido en procesión antes del viaje de salida.

—¿Qué os parece si echamos a suertes quién de nosotros será al que le quepa el honor de llevar un cirio de veinte libras para alumbrarlo en nombre de todos?

Todos accedieron. La desaparición de la *Pinta* había dejado a la tripulación cariacontecida y sólo la religión parecía ofrecer algún consuelo en aquellos momentos tan penosos.

El almirante en persona marcó solemnemente un garbanzo con una cruz y lo metió en un saco. Uno por uno fueron pasando los tripulantes. Uno por uno sacaron un garbanzo y ninguno de ellos tenía la marca. Colón fue el último en probar suerte y el suyo era el que lucía pintada la cruz que él mismo había trazado.

Dicen que tras la tempestad viene la calma; así ocurrió en aquel accidentado viaje de vuelta. El 15 de febrero fue el primero de los días de calma que les acompañarían hasta el final de su periplo. Pero la tempestad ya había hecho el mal, separando las dos carabelas, que llegarían a España cada una por su lado.

El mismo día 15 por la tarde vieron tierra, aunque aún tardarían tres días en llegar hasta ella. Eran las Azores del sur, unas islas salvajes, verdes y montañosas, donde siempre soplaba un viento endemoniado. Colonizadas por los portugueses, en ellas encontraron refugio el día 18 de febrero. El almirante eligió la isla de Santa María y, vislumbrando una capilla situada en lo alto de una colina, organizó una procesión con todos aquellos hombres que no eran indispensables en el barco.

A Pedro le habría gustado acompañarlos en aquel recorrido, pero le tocó quedarse, como al resto de los grumetes. Era necesario poner a punto la nave, limpiarla, repararla y avituallarla, trabajos que exigían muchas manos.

Pasaban las horas y los peregrinos que habían acudido a la capilla en acción de gracias no regresaban ni se les veía por parte alguna. Era como si se los hubiera tragado la tierra.

El almirante acudió a las autoridades de la isla y el capitán portugués le informó de que había cogido prisioneros a todos aquellos hombres, temiendo que se tratara de una invasión.

—¿Cómo van a invadiros unos hombres descalzos y en camisa que suben en acción de gracias a una ermita?

—¿Y cómo sé que no se trata de forajidos? Muchos son los que, con disfraz de peregrino, esconden bajo sus hábitos a un bandolero. Mi obligación es vigilar por el buen orden de la isla.

—Yo os garantizo que esos hombres no son bandoleros.

—Yo no diría tanto. Su aspecto no es que digamos el de caballeros. Algunos conservan señas de haber portado grillos y cadenas; otros muestran cicatrices de peleas que conozco bien, y sé que no se trata precisamente de lances de honor...

—Señor, algunos de estos hombres, en efecto, pudieron ser bandidos y delincuentes en el pasado, pero yo os aseguro que han lavado sus delitos en la aventura del Descubrimiento. Y nuestros reyes, doña Isabel y don Fernando, dejaron dicho que los participantes en este viaje quedarían redimidos de toda culpa y pena a su regreso.

Éstas y otras palabras convencieron al capitán portugués, que, a regañadientes, acabó soltando a los españoles. Semejante lance disgustó al almirante, porque era evidente que no deseaba entretenerse lo más mínimo, sino llegar a España lo antes posible: antes de que lo hiciera Martín Alonso Pinzón.

Parecía, sin embargo, que una maldición les persiguiera, pues, desde que entraron en aguas y tierras bajo dominio de Portugal, rival de Castilla, no pudieron salir de ellas. Los vientos desfavorables impidieron que la *Niña* volviera al puerto de salida, empujándoles irresistiblemente hacia el norte. El almirante estaba desesperado. ¡Iba a parar otra vez a Lisboa, la capital de aquel reino que había rechazado su propuesta de descubrimiento! Un lugar que él conocía bien y que le traía amargos recuerdos, porque era la ciudad natal de su primera esposa, Filipa, ya fallecida...

Al atracar en la rada de Lisboa el día 4 de marzo, un barco de vigilancia portugués reclamó el derecho de inspeccionarlos, a lo que Colón se negó alegando su condición de Gran Almirante de Castilla. Lo cierto es que él no ostentaba ese título de manera legal, porque los orgullosos nobles castellanos no consintieron que un extranjero lo luciera. Entonces, los Reyes le concedieron uno inventado para la ocasión, que no tenía precedentes en la heráldica y, por tanto, no ofendía a nadie: Gran Almirante de la Mar Océana.

A un pueblo tan volcado en la mar como el portugués, la palabra *almirante* les bastaba. En lugar de controlarlos, se les rindieron honores. Cuando el rey Juan II, que en su momento no quiso escuchar a Colón, supo de su llegada, decidió recibirlo con toda solemnidad. Incluso la Reina, que se encontraba reposando en Villa Franca, regresó rápidamente a la capital para saludar y agasajar a un huésped tan ilustre.

Tales agasajos no eran protocolarios: el rey portugués buscaba información. Quería ser el primero en saber qué había al otro lado del océano y si, en efecto, se había encontrado una ruta a las Indias diferente de la que costeaba el sur de África, que era la que sus hombres habían descubierto.

No hay que olvidar que Portugal tenía el derecho de navegación por el océano gracias al tratado de Alcobaza, que dejaba a Castilla la posesión de las Canarias y «otras tierras ganadas y por ganar». De ahí el interés de Juan II en retener a Colón antes de que se viera con los Reyes Católicos.

Hasta el 13 de marzo no consiguieron salir de los honores y fiestas de la Corte portuguesa. El 15 de marzo, al amanecer, Colón llegó por fin al puerto de Palos. Como si se hubiera puesto de acuerdo con él, la carabela *Pinta* atracó el mismo día en el mismo sitio. Todo parecían coincidencias extrañas y casi milagrosas;

pero pronto se supo que la *Pinta* había llegado a España la primera, fondeando en Bayona la Real, en tierras gallegas; y que, desde allí, Martín Alonso se había apresurado a dar nuevas del descubrimiento antes que nadie.

Lo primero que hizo el almirante al llegar a puerto fue cumplir su promesa y acudir con el cirio de 20 libras a la Virgen de La Rábida. En el monasterio hubo un encuentro emocionante entre Colón, su hijo Diego, Pedro y fray Juan. Muchas horas pasaron relatando historias, intercambiando noticias y mostrando novedades. Fue necesario permanecer allí durante una semana, ya que el almirante necesitaba descansar y también acabar el informe que debía presentar a los Reyes, que antes no había tenido tiempo ni sosiego para redactar.

Todos los grumetes habían regresado felizmente a sus casas menos Pedro. Por eso, Colón lo invitó a acompañarlo hasta la Corte. Diego parecía encantado de haber recuperado a su amigo de infancia, y a Pedro ya no le importaba ocuparse de aquel niño, al que miraba como si fuera un hermano menor.

Una vez preparados todos sus documentos y la que sería su comitiva, Colón organizó el viaje hacia Barcelona, donde tenían los Reyes su Corte. Fue un recorrido apoteósico. En Sevilla, las gentes saludaron unánimes al Descubridor y la ciudad entera se volcó en flores y galanuras. Pero más fastuosa sin comparación fue la entrada triunfal en la hermosa y antigua Barcelona.

Ataviado con sus mejores galas, el almirante presentaba un aspecto magnífico. Alegremente erguido sobre su caballo, no parecía encorvado ni entristecido como en otros momentos. Sus cabellos canos, cuidadosamente peinados, contrastaban con su piel atezada por los soles y los mares. Cabalgó hasta el palacio real a lo largo de calles cubiertas de pétalos de flores y adornadas de alfombras, tapices y reposteros, mientras las gentes lo vitoreaban.

—¡Viva don Cristóbal Colón!

—¡Viva el Descubridor!

El almirante no iba solo. Le acompañaba un cortejo donde destacaban seis indígenas vestidos con ropas de llamativos colores y exóticos peinados, que lucían collares y brazaletes de oro mostrando las riquezas de aquellos lejanos países.

Tampoco faltaban en la comitiva algunas muestras de la riquísima flora y fauna de las islas descubiertas: pájaros de vistosos plumajes, ligeros y resistentes tejidos de algodón, plantas y animales extraños, nunca vistos antes por ojos europeos, que habían sobrevivido al largo y azaroso viaje, y muchas más novedades que llenaban de pasmo a cuantos las contemplaban.

Los Reyes, como deferencia al almirante, lo esperaban de pie en la sala del trono y le permitieron sentarse en su real presencia sobre un taburete, un honor que no se le concedía a cualquiera, sino sólo a los más altos embajadores. Como la reina Isabel conocía la profunda religiosidad del huésped, era lógico que el primer acto oficial, tras la recepción, fuera un *Te Deum*, solemne liturgia de acción de gracias que tuvo lugar en la capilla de palacio.

El marino Cristóbal Colón había cambiado de rango y se había convertido en un hombre rico y poderoso. Tanto, que los Reyes, que le habían confirmado en todos sus cargos y títulos, cubriéndole de honores y riquezas, ordenaron que tuviera a su servicio un jefe de cocina encargado de probar cuanto alimento se le fuera a servir, para verificar que no estaba envenenado. Es posible que los monarcas temieran por la vida de un hombre que se había elevado tan alto de modo repentino, lo que podía provocar odios y envidias, como en efecto sucedió. Sin duda pensaban que la vida de Colón era muy importante, porque aún estaba destinado a realizar más y mayores descubrimientos.

Aquel primer viaje de Cristóbal Colón llenó los viejos mapas de nuevos nombres y nuevas islas y costas, de nuevos meridianos, cambiando para siempre la imagen de la Tierra. Pedro se preguntaba si tendría ocasión de viajar otra vez hasta aquellos lugares remotos que parecían, como decía el almirante, los atrios del Paraíso.

# EL CARIBE CANÍBAL

Desde que regresaron de Barcelona, Pedro se quedó en La Rábida, estudiando, leyendo y escribiendo, un poco ajeno a los preparativos que se hacían para el segundo viaje. Pensaba que partirían durante la primavera y estaba preparado para salir en cualquier momento. Cada mañana, imaginaba que el almirante se presentaría en el monasterio, abrazaría a su buen amigo fray Juan, que tanto le había apoyado, y luego le diría con una sonrisa:

—¡Hala, Pedro, que zarpamos mañana mismo!

Pero pasó todo el verano y llegó el mes de septiembre y aún no había trazas de partir. Preguntó Pedro a fray Juan el porqué de tanto retraso y él respondió:

—Todo este tiempo que a ti te parece perdido, se ha empleado en muchas e importantes gestiones que deben hacerse antes de emprender el segundo viaje.

Viendo su cara de perplejidad, continuó:

—Este descubrimiento ha excitado la codicia de otros pueblos navegantes. Ahora todos quieren tener su parte en el nuevo mundo que habéis encontrado, y sólo con leyes justas y acuerdos que sean respetados por todas las partes podrán evitarse guerras, violencias y rapiñas...

—¿Os referís a los portugueses? —preguntó Pedro.

—Con ellos hemos llegado a un acuerdo gracias a nuestro Papa, que Dios bendiga, Alejandro VI, el cual ha hecho trazar una línea imaginaria en el Atlántico que divide los territorios que quedan por descubrir. A la derecha de la línea, serán de los portugueses, y a la izquierda, de los castellanos.

—Entonces está todo arreglado...

—No te creas. Los portugueses no estaban conformes y la línea se ha tenido que correr un poco... Han firmado un nuevo acuerdo, con el rango de tratado, en la ciudad de Tordesillas. Por otra parte, gobernar territorios tan lejanos es muy complicado, así que los Reyes han creado la Casa de Contratación*, en Sevilla, que se ocupará de todos los asuntos de las Indias. Precisamente acaba de reunirse el Consejo de Indias y dice que los viajes de exploración tendrán como primer objetivo la evangelización de los indígenas. Eso significa que irán muchos frailes y misioneros en vuestro próximo viaje...

—¿Vendréis vos?

Fray Juan movió la cabeza, sonriendo.

—No, yo no iré, pero sí lo hará mi amigo, el astrónomo Antonio de Marchena, y muchos de mis hermanos franciscanos se os unirán en próximos viajes. En éste, os acompañarán doce misioneros, un número que se ha elegido en honor de los doce apóstoles. Espero que pronto establezcan conventos donde puedan atender a esas gentes no sólo en su espíritu, sino también en su cuerpo y en todas sus necesidades, librándoles del hambre, la ignorancia y las enfermedades, como hizo nuestro padre san Francisco.

—¿Y sabéis cuándo partiremos?

—Despacio, Pedro, despacio, que este segundo viaje nada tiene que ver con el primero. Mucha gente importante se ha interesado en él, incluyendo el mismísimo duque de Medina, que ha ofrecido nada menos que cinco millones de maravedíes para gastos de financiación. Esta vez, no partiréis en tres carabelas. Según mis informes, se están preparando diecisiete barcos, de ellos, catorce carabelas y tres carracas, estos últimos grandes barcos de mercancías.

—Entonces va a ir muchísima gente...

—Por supuesto. El éxito de vuestro viaje se ha divulgado por todas partes; las cartas y relaciones de Colón se leen y se reeditan constantemente. Para el primer viaje, hubo que convencer, casi rogar, a los tripulantes. Para el segundo, es tanta la gente que quiere participar, que resulta imposible aceptar a todos.

—¿Cuántos podrán ir en total?

—Unas mil doscientas personas, incluyendo quinientos que forman la tripulación de las distintas naves. Entre ellos hay de todo: desde hidalgos hasta todo tipo de artesanos, constructores, agricultores, además de médicos, cirujanos, científicos cosmógrafos como Juan de la Cosa, a quien ya conoces...

—Espero que se le haya pasado el disgusto por lo de la *Santa María*.

—Yo creo que todos los problemas que tuvisteis están olvidados, después de la magnífica recepción de los Reyes. La actitud de nuestros monarcas ante Colón ha sido fundamental para que la gente se animara y viera que no se trata de una empresa descabellada, puesto que la Corona la apoya y sostiene.

—¿Va alguien más que yo conozca?

—A Colón le acompañará su hermano menor, Diego, un muchacho muy discreto, con vocación eclesiástica, que supongo se ocupará de asuntos administrativos, porque yo no lo veo como soldado. Mientras que el resto de los participantes, casi todos, aunque no sean soldados, están preparados para actuar como tales si la ocasión lo requiere. Eso me recuerda que tengo algo para ti...

Se volvió a una alacena y sacó un paquete alargado, atado cuidadosamente con bramante.

—Esto es tuyo.

—¿Qué es?

Con la impaciencia del que recibe un regalo, Pedro lo desempaquetó rápidamente y se encontró, emocionado, con la espada de su abuelo.

—Cuando viniste aquí de niño, en tu equipaje había cosas que entonces no podía poner en tus manos. Ahora ya tienes edad para manejar esta espada y espero que sepas emplearla bien. ¿Recuerdas lo que está grabado en la hoja?

—No, nunca conseguí descifrar esas letras...

—Prueba ahora.

El filo brillaba en la suave luz de la habitación. A Pedro le parecía increíble no haber sido capaz de interpretar aquellos signos que en ese momento leía tan fácilmente:

*No me saques sin razón*
*ni me guardes sin honor.*

—Ahora ya no vas de grumete, sino de marinero; eres un hombre con tus dieciséis años, y un hidalgo, no lo olvides. Lo importante de ser hidalgo no es la cuna ni el apellido, sino la conducta. Que te comportes siempre como buen cristiano y hombre de bien.

—Así lo haré, fray Juan.

El 25 de septiembre de 1493 partió la segunda expedición hacia el nuevo Virreinato del Nuevo Mundo desde el puerto de Cádiz. Como había dicho fray Juan, estaba compuesta por 17 naves y más de 1 200 hombres.

La galera *María Galante* era la más lenta de todas; por esa razón la escogió el almirante como la nao capitana, para que las demás adaptaran su ritmo al que ella impusiera, sin que ninguna se rezagase. Habían previsto transportar caballos, ganado, material de construcción y todo lo necesario para fundar ciudades. Algunas mercancías y ganado les esperaban en las islas Canarias, que serían, una vez más, la primera y única parada.

Cinco días tardaron en llegar a Gran Canaria y otros cinco más les llevó arribar hasta la Gomera. Allí cargaron comida, agua dulce y madera, además de distintas reses que esperaban se reprodujesen en los nuevos dominios reales. Tal parecían las dos carracas un arca de Noé: había cabras, ovejas, terneras, e incluso media docena de cerdas preñadas que embarcaron en la isla del Hierro.

Esta vez, el almirante no esperó en la Gomera. Nadie supo si encontró o no a la dama de sus sueños, pero todos vieron cómo desaparecía en cuanto dejaba los negocios hechos y nadie lo vio nunca regresar. Pedro aprovechó para visitar a sus amigos Álvaro y María. Se acercó a su jardín y silbó confiadamente. Una voz sorprendida preguntó:

—¿Quién eres? ¿Qué haces aquí?

—Soy Pedro, pasé por aquí el año pasado cuando navegaba en la *Santa María*... ¿Es que no me recuerdas?

—¡Pedro! ¿Es posible? No te había reconocido. Estás muy cambiado...

Era María. Pedro pensó que también ella estaba muy cambiada, a pesar de que sólo había transcurrido un año desde su primer encuentro. Ya no vestía ropas de niña. Y se dio cuenta de cómo el tiempo les hacía mayores tan rápidamente.

—¿Y tu hermano?

—Se ha ido a Gran Canaria, a enrolarse en un ejército que se está preparando. Y tú, ¿vas de nuevo a las Indias?

—Así es.

—Tienes que contarme... Se dicen tantas cosas que no las puedo creer todas.

Largo rato estuvo Pedro charlando con María, hasta que la hora tardía le obligó a regresar al barco.

—Espera —dijo María—. Quiero darte algo antes de que te vayas.

Se quitó una pequeña cruz de oro que llevaba al cuello.

—No sé por qué, me figuro que este viaje puede ser muy difícil. Esta cruz te acompañará.

—Gracias, María. Pero yo no tengo nada que darte...

—No importa. Cuando vuelvas, me traes lo que tú quieras de ese nuevo mundo que estáis explorando.

—¿Te gustaría uno de esos pájaros de colores, o un collar de cuentas de coral y nácar? También podría traerte una hamaca para que la pusieras en el jardín...

María sonreía.

—Lo que tú quieras.

—Adiós, María.

—Adiós, Pedro. Buen viaje. Y que Dios te proteja.

Pedro regresó al barco. ¡Qué distintos sentimientos le embargaban si recordaba el viaje anterior, cuando corría con tanta ilusión por las calles hasta el puerto, ansioso por proseguir la ruta! ¿Cómo era posible que, en esos momentos, en vez de soñar con la arribada a las tierras sin nombres, sólo deseara quedarse en aquella isla diminuta, y dejar pasar los días mientras charlaba con María en el jardín?

Desde la nave capitana, Pedro veía alejarse los blancos muros de las casas y las brillantes cúpulas de las iglesias de la pequeña ciudad de San Sebastián refulgiendo al sol, entre el verdor de las palmeras y los árboles frutales. Y mientras hubo vista de la isla, el joven hidalgo sintió una punzada de tristeza en el corazón, preguntándose cuándo y cómo regresaría. ¿Tantos deseos de partir para a la hora de la partida desfallecer? Qué extraños y contrarios pueden ser los sentimientos...

Era 13 de octubre cuando salieron al mar abierto poniendo rumbo al suroeste. Los vientos alisios que soplaban del noreste los empujaron, como en el viaje anterior, del modo más favorable. Parecía que el segundo viaje iba a resultar más rápido que el primero, pero acabó siendo algo accidentado, a causa del mal estado de algunos de los barcos. Bastantes de ellos hacían agua, por lo que la tripulación debía achicar continuamente. Nada de esto habría sucedido si los hubieran revisado a fondo en tierra antes de zarpar, en vez de darlos por buenos precipitadamente, fiándose sólo de su apariencia.

Avistaron tierra el día 3 de noviembre. Cuando Pedro oyó aquel alegre grito desde la cofa, preguntó al almirante:

—Señor, ¿cómo llamaremos a esta nueva isla?

—Por ser hoy domingo, la llamaremos Dominica. Además, mi padre se llamaba Domenico.

Pedro se sorprendió del comentario del almirante, porque era un hombre que nunca contaba nada de su vida ni de su pasado. Nadie parecía saber de su familia, salvo el hecho de que había enviudado y de que tenía dos hijos y dos hermanos.

En cuanto descendieron a tierra se celebró una misa, la primera que se decía en este nuevo mundo.

Pocos días les bastaron para descubrir otras dos islas que también recibieron nombres significativos: la segunda, María Galante, como la nave capitana; y la tercera, Guadalupe, en honor a la Virgen.

Al principio les pareció que aquéllas eran islas deshabitadas. Pero el olor a carne quemada y a podrido les alertó de la presencia humana. Descubrieron con horror que estaban pobladas por un pueblo distinto de los pacíficos taínos: los caribes, mucho más fieros y salvajes que sus vecinos. Eran caníbales, y si hacían prisioneros, éstos tenían sólo dos espantosos destinos: o el saladero, una especie de despensa donde los conservaban como si fueran animales, o el asador, si los cocinaban directamente al fuego antes de comerlos.

No se puede describir la visión horripilante de cuerpos mutilados, de restos humanos y de prisioneros almacenados como mercancía que tuvieron que soportar los primeros que se adentraron en aquellas islas de apariencia paradisíaca. No podían sospechar que encontrarían lugares de tanta ferocidad, donde los humanos no distinguían entre los de su especie y los animales. En cuanto se dieron a conocer, los españoles fueron aclamados como libertadores por los pobres indígenas destinados a comida. El almirante, que defendía el respeto a las costumbres y tradiciones de los indios, no quiso transigir con ésta tan repugnante y luchó con todas sus fuerzas para acabar con ella.

Primero intentó convencerlos con buenas palabras, ofreciéndoles sus regalos habituales. Pero los caribes no deseaban renunciar a su festín humano. Cuando Colón vio que sus esfuerzos eran inútiles, decidió combatirlos con las armas.

Las suyas eran claramente superiores a las caribes, de modo que los indígenas tenían las de perder. Los españoles trataron de liberar a cuantos presos encontraron en condiciones de poder combatir. Aquellos desgraciados que habían perdido toda esperanza comprendían de pronto que los dioses venían a ayudarlos y que del resultado de aquella batalla imprevista dependía su salvación.

Para Pedro, aquél era su primer combate. Se propuso luchar al lado del almirante para poder defenderlo, si llegaba el caso, incluso con su vida.

Al fin había llegado el momento de emplear su espada. La sacaba *con razón*, para defender a los presos destinados a comida y también a sus compañeros, y esperaba guardarla *con honor*, para cumplir la promesa hecha a fray Juan. Se santiguó, besó la pequeña cruz de oro de María y se lanzó contra los caribes.

Luchaba alegremente en un confiado cuerpo a cuerpo. Al ser menudo y ágil, se escabullía bien de los posibles golpes. Fue su excesiva confianza la que le perdió. Como un fogonazo, sintió la hoja de un cuchillo rasgando sus ropas y su carne a la altura del vientre. Era un cuchillo castellano, de afilado acero, que un caribe había robado a algún español. Esto hizo sentir a Pedro mayor indignación aún: ¡ser atacado con sus propias armas, puestas en manos enemigas! Pero no tuvo tiempo ni para la reflexión ni para la defensa. Sólo pudo percibir que los intestinos se le salían por la herida antes de perder el conocimiento creyendo que también perdía la vida.

Cuando despertó, estaba tumbado en una estera sobre el suelo en el interior de una especie de cabaña. Le parecía sentir fuego en las entrañas, tal era el dolor que le producía la herida; le habría gustado gritar como cuando era niño, dar alaridos y quejarse sin medida, pero sabía que eso no era posible. ¡Cómo se habrían reído sus compañeros, incluso aquellos indígenas que se movían a su alrededor como sombras! Además, él ya no era un grumete, sino un marinero, y un marinero hidalgo, que debía hacer honor a su casta.

*No me guardes sin honor*... La espada yacía a su lado, como un objeto inútil. Al menos, no la había perdido ni se la habían arrebatado. Se mordió los labios y sintió un sudor frío mezclado con el calor de la fiebre. Al fin, entre aquellos rostros que le observaban, distinguió los cabellos claros y los ojos azules del almirante. Suspiró tranquilizado.

—¡Vaya! Eres duro de pelar, Pedro. Te has comportado como un héroe en tu bautismo de sangre. No temas, que de ésta me han asegurado que no te vas a morir.

¿Quién se lo había asegurado? ¿Dónde estaba el médico? Todos conocían al doctor Chanca, que les acompañaba en la *María Galante*, pero Pedro no lo veía.

—¿Quién me está curando?

—Estos habilidosos indios... El doctor tiene casos mucho más graves que el tuyo. Ahora descansa, Pedro. Sé que te dejo en buenas manos.

Al salir el almirante, Pedro se encontró muy solo de repente. Palpó la crucecita de oro que llevaba al cuello y se sintió algo más consolado. «Voy a volver... Me ha dicho que de ésta no voy a morirme...» Cerró los ojos y los abrió sintiendo un pinchazo agudísimo en un extremo de la herida. No pudo impedir que se le escapara un gemido.

Debía de ser una pesadilla. Un par de indígenas, mujeres por más señas, llevaban en las manos unas enormes hormigas rojizas y se las aplicaban en los bordes de la herida. Los mordiscos de sus pinzas envenenadas eran los que le producían aquel dolor espantoso que le producía escalofríos y hacía que su cuerpo se convulsionara en espasmos.

Comprendió que se había quedado solo y que le estaban torturando. Aunque sabía que no entendían su idioma, gritó como un loco:

—¡Matadme! ¡Matadme, por Dios bendito, por vuestros dioses, pero no me hagáis esto!

Le respondió una sonrisa. Sí, aunque pareciera mentira, alguien sonreía a su lado. Y ese alguien era su tocayo, Pedro de las Casas, un mercader sevillano amigo de Colón que se había quedado de guardia en la cabaña. Éste le explicó:

—Los indios no te están matando, al contrario: te están curando. Estas hormigas, al cerrar sus pinzas sobre tu herida, sueltan una sustancia que cicatriza. En pocos días podrás ponerte de pie. ¿No has oído a don Cristóbal? No vas a morirte...

Cuando pudo articular palabra, Pedro se quejó:

—¡Jamás había visto hormigas tan enormes...! No creí que pudieran existir.

—Aquí todo es grande —repuso filosóficamente el mercader—: las serpientes, los frutos, las flores, los insectos, las hojas de los árboles... ¿Es que no te has dado cuenta? Esto es otro mundo.

Pedro cerró los ojos intentando controlar su dolor, pero cada mordisco de aquellas despiadadas mandíbulas parecía que le arrancaba un pedazo de entraña.

—¿Hemos vencido a los caníbales? —preguntó débilmente.

—Hemos vencido y hemos liberado a unos cuantos infelices. Y tú has tenido mucha suerte, tus intestinos no sufrieron ni un arañazo.

Habían vencido. Al menos, su terrible herida había servido para algo. Ése fue su último pensamiento y la última frase que oyó antes de que el dolor le desvaneciera de nuevo.

# MINAS DE ORO Y MOLINOS DE GRANO

Un par de días más tarde, Pedro fue trasladado a la *María Galante*, porque los dolores le impedían moverse. Las hormigas eran ya cadáveres flácidos colgando de su cicatriz, y se irían cayendo poco a poco mientras la herida se cerraba. Pedro estaba inhábil para el trabajo; por eso, permaneció todo el tiempo embarcado mientras navegaban de una a otra isla, trasportando a los prisioneros que habían salvado de los antropófagos hasta dejarlos en sus islas de origen.

En Guadalupe, un grupo de ocho hombres dirigidos por un capitán se perdió entre la maleza. Ya iban a zarpar sin ellos cuando se presentaron en el último momento. Ninguno quiso contar lo que habían visto o qué buscaban en aquel extraño paseo que el almirante no habría autorizado. Colón sólo deseaba llegar cuanto antes a Hispaniola para comprobar que todo estaba en orden en el fuerte Navidad.

—¡Hispaniola! —gritó el marinero de guardia desde la cofa.

Era el 22 de noviembre. Habían llegado a Hispaniola, pero no al lugar en que se hallaba enclavado el fuerte. Les llevó cinco días encontrarlo, costeando la isla hasta localizar el islote de Montecristo, punto de referencia para Colón. Al divisarlo, el almirante dio un suspiro de alivio.

—Tirad dos salvas para anunciar nuestra llegada.

Retumbaron los dos disparos de cañón en el paisaje azul. Un grupo de aves marinas levantó el vuelo, espantadas. Pero nada se oyó desde la costa. Ninguna respuesta.

—Adelante, ¡a toda vela! —ordenó el almirante, sin poder disimular su nerviosismo.

La misma playa en la que hicieran su cena de despedida les esperaba, con su telón de palmeras y sus rocas salpicadas de moluscos. Pedro despidió a sus compañeros desde el puente de cubierta. Allí tenía que quedarse, bien a su pesar, con el pequeño grupo de heridos y mutilados, la mayoría de los cuales mejoraba satisfactoriamente.

Habría preferido acompañar a los expedicionarios, mas sabía que no estaba en disposición de correr, ni siquiera de caminar como los otros, y que, si iba con ellos, en vez de ayudarlos, les retardaría. A su regreso, estaba seguro de que se encontraría recuperado y podría incorporarse a sus tareas como los demás.

¡Resultaba tan aburrido pasar el día en cubierta charlando o inhalando tabaco mientras sus compañeros marchaban por la selva hacia el fuerte Navidad! Sin embargo, no había más remedio que tener paciencia.

Entre tanto, el grupo explorador echó a andar animosamente por la orilla. El fuerte se hallaba cerca. Ya antes de llegar a él, un olor dulzón y fétido les hizo llevarse las manos a la nariz. Los más previsores utilizaron un pañuelo.

Se oía un ruido peculiar. Era como un zumbido intermitente. Aquellos helechos gigantes entre los que braceaban se acabaron de pronto y ante su vista apareció el panorama del fuerte Navidad... Pero ¿aquello podía ser el fuerte Navidad?

No se veía ninguna construcción. La empalizada yacía derribada y rota por el suelo, hecha fragmentos de madera quemada. Los cadáveres putrefactos de los españoles se amontonaban unos sobre otros, en espantosa fraternidad y confusión, velados sólo por unas enormes y verdosas moscas que sobrevolaban los cuerpos descompuestos. Fragmentos de vasijas, libros, ropas, zapatos y objetos irreconocibles se esparcían por doquier, como si formaran parte natural de aquel espantoso paisaje.

¿Quedaría alguien vivo? Exploraron los alrededores, gritaron nombres. Nadie respondió.

El almirante ordenó enterrar cristianamente aquellos restos, tarea nada fácil, visto su estado. Entre los marineros más curtidos, ninguno recordaba un horror similar. Cavaron una fosa común y plantaron sobre ella una cruz. En el palo transversal escribieron, a punta de cuchillo, los nombres de los muertos. Se celebró un responso rezado por el padre Buyl, que presidía el grupo de misioneros. A continuación, Colón envió un grumete de emisario a los barcos para que contara lo ocurrido y dijera que ellos partían en busca de los indios.

Les aguardaba la selva sin caminos y con toda clase de inconvenientes que ya conocían: mosquitos, serpientes, fango, corrientes que atravesar a nado o con la ayuda de maromas... Pero debían buscar a Guacanagri y preguntarle qué había ocurrido. Colón estaba sorprendido de que el cacique no hubiera acudido a recibirle, después de tantas promesas de amistad. Tuvieron que caminar doce millas por el interior de la isla hasta encontrarlo.

Guacanagri languidecía tumbado en una hamaca sobre la que se balanceaba indolente. No se movió al ver a los españoles. Un indio que dijo llamarse Oromico se ofreció a hacer de traductor.

—Yo hablar mucho con españoles —dijo—. Yo hablar como tú.

El almirante le pidió que preguntase a Guacanagri por lo ocurrido en el fuerte Navidad.

El cacique respondió a su traductor con tono mesurado, sin descender de la hamaca. Oromico explicó:

—Españoles discutir mucho. Ellos matarse unos a otros. Guacanagri acudir ayuda y tener mal en pierna, Guacanagri no moverse.

—Doctor Chanca —pidió entonces Colón—, haga el favor de examinar al cacique.

Cuando Guacanagri vio que el doctor se dirigía a él, lo rechazó espantado, con grandes protestas.

—Guacanagri decir que doctores suyos lo curan. Españoles no curan.

—Dile a tu cacique que lo voy a examinar, quiera o no —replicó el doctor, que era muy atrevido.

Varios soldados armados rodearon la hamaca y Guacanagri no tuvo más remedio que someterse a aquella inesperada revisión médica. El doctor le tocó una pierna, luego la otra, se las levantó, le dio unos golpes en las rodillas y al final declaró:

—Yo os aseguro que a este hombre no le duele más una pierna que la otra, aunque él diga lo contrario.

—Está bien —concluyó Colón—, dile a Guacanagri que aceptamos sus explicaciones, que seguimos contando con su amistad y que esperamos que se recupere pronto. Aquí le traemos regalos como muestra de nuestra amistad.

Y entregó al traductor una caja que contenía baratas sartas de cristal reluciente. Oromico tradujo apresuradamente mientras presentaba la caja a Guacanagri, quien observó su contenido con mirada aprobatoria. Los cristales relucían al sol y cualquier brillo fascinaba a los indígenas.

Entonces el cacique se mostró por fin amistoso. A una señal suya, una linda taína se acercó con una fuente de paja cubierta de hojas. Colón la descubrió y comprobó que contenía algunas piezas de oro, nácar y perlas.

El almirante hizo un gesto de cortesía y se retiró. No habían llegado muy lejos cuando el padre Buyl explotó, mostrando bien a las claras lo que muchos más pensaban y no se atrevían a decir:

—¡Ese salvaje os ha engañado! Merece la horca, y si no lo ahorcáis, perderéis toda autoridad en estas islas.

—No me consta que Guacanagri participara en la matanza. No se puede condenar sin pruebas, padre.

—¡Sin pruebas! ¿Qué más pruebas queréis? ¿Cómo podéis creer ese cuento de que los españoles se mataron los unos a los otros? ¿Quién incendió sus casas y su fuerte?

—Padre —cortó Colón, imperiosamente—, retirémonos a nuestros barcos, donde estaremos más seguros que en ninguna otra parte, y dejemos en paz a los muertos. En todo caso, la venganza no es de cristianos.

Esta última observación logró que el fogoso misionero se callara, pero no impidió que sintiera un gran rencor hacia Colón, como mostraría más adelante.

Profundamente abatidos, los expedicionarios volvieron a los barcos. Pedro lloraba la muerte de Diego de Arana, aquel buen caballero que le autorizara a corretear por la Gomera cuando sólo era un grumete. La tragedia les había dejado a todos sin palabras.

Al día siguiente, una extraña comitiva apareció ante la *María Galante*. Estaba presidida por Oromico, quien, desde la orilla, gritó:

—Guacanagri dice: «Colón visita mí, yo visito Colón». Él enfermo, entonces Guarionex, hermano Guacanagri, venir.

Un indio altivo, vestido con una túnica blanca y tocado con hermosas plumas de azul intenso, verde y naranja, esperaba al borde del agua. El almirante gritó:

—¡Subid a bordo!

La pequeña comitiva subió. Colón les mostró algo que nunca antes habían visto: los caballos, que piafaban en la bodega ansiosos de libertad. Guarionex pareció extremadamente impresionado al verlos. En la bodega encontró también a media docena de mujeres caníbales, de la tribu caribe, que Colón deseaba mostrar a los Reyes Católicos. Guarionex se puso a parlamentar con ellas en su lengua.

Al almirante no le parecía correcto mandar a Oromico que tradujera, pero tampoco le hacía gracia aquella conversación incomprensible; así que sacó a Guarionex de la bodega, lo llevó a su cámara y le ofreció vino, que el indio bebió con gusto. Cuando lo encontró suficientemente animado, lo despidió.

Aquella noche, las seis mujeres caníbales huyeron del barco sin que nadie se percatara. Por la mañana, Colón ordenó buscarlas en el interior de la selva. Presentía que se habrían puesto de acuerdo con Guarionex para la huida.

Cuando, al cabo de las doce millas, llegaron al lugar donde habían encontrado hacía tan poco al cacique, no hallaron señales de vida. Era como si los indios se hubieran volatilizado en el interior de la selva.

—¿No os lo decía yo? —insistió el combativo fraile—. Solamente huyen los que no tienen la conciencia tranquila.

El almirante no respondió, pero comprendió que su interlocutor tenía razón. No todos los taínos eran pacíficos, algunos incluso confraternizaban con los caníbales. Aquel mundo no era tan fácil de ordenar como él pensaba, reflexionó mientras regresaban a los barcos.

—¿Vamos a reconstruir el fuerte? —preguntó impulsivamente Pedro, que, desde la *María Galante*, estaba al corriente de todo lo ocurrido.

—Tú aún no tienes fuerzas para trabajar —replicó Colón—. No, no creo que sea una buena idea volver a instalarse en un lugar tan desgraciado. Iremos a otra parte... justo en dirección contraria, al este de Montecristo. Allí construiremos una ciudad que se llamará Isabela, en honor de la Reina nuestra señora.

Reflexionó un momento y añadió:

—Vos, Antonio Torres, seréis el gobernador de la nueva capital de Hispaniola, por el momento.

Corría el mes de enero de 1494. Isabela tenía ya una iglesia y un camino, la primera iglesia y el primer camino que los españoles hicieron en el nuevo virreinato. La ciudad estaba diseñada siguiendo los planos de arquitectura más avanzados de la época: un urbanismo idealista, donde todos los habitantes gozaran de espacios amplios y cómodos que les permitieran vivir en buena armonía.

Cuando la ciudad y sus servicios estuvieron en funcionamiento, Colón tomó una importante decisión:

—Capitán Alonso de Hojeda, elegid los quince mejores hombres y partid al interior de la isla.

—¿Debemos perseguir todavía a Guacanagri?

—Olvidémonos de Guacanagri. Lo que necesitamos urgentemente es oro, y he oído que en el centro de la isla, en un lugar llamado Ciba, existen minas de oro.

¡Oro! Santa palabra. El capitán podía escoger, porque, tras esas dos sílabas mágicas, muchos eran los que estaban dispuestos a arrostrar cualquier peligro. La expedición partió inmediatamente y regresó al poco tiempo. Alonso de Hojeda hizo un informe optimista.

—Hay grandes cantidades de oro... Solamente necesitamos disponer de los medios para extraerlo y transportarlo.

La tripulación se entusiasmó. Colón dividió sus fuerzas y dejó una parte en Isabela y otra, formada igual que un ejército, dispuesta a llegar hasta la fantástica mina de oro que Hojeda había descrito. Por si se encontraban con indígenas, el almirante los organizó como si se tratara de un desfile de exhibición. Todas las lombardas que protegían la ciudad de Isabela dispararon al mismo tiempo, mientras las columnas españolas, precedidas por sus banderas y al son de marchas militares, se encaminaban hacia su destino más querido: el oro.

La región de Ciba era pedregosa e inhóspita, como ya lo decía su nombre, pues *ciba* significa «piedra» en la lengua caribe. Sin embargo, lo importante era que allí había una mina de oro.

—Construiremos un fuerte, Santo Tomás, que defenderá la mina de oro —decidió Colón—. Aquí quedará una guarnición de cincuenta hombres al mando de Pedro Margaride. ¿Hay voluntarios?

Los había. La proximidad del oro y la conciencia de defender o custodiar algo valioso encendía los ánimos y la imaginación de muchos de aquellos hombres, que no tenían nada que perder más que sus vidas.

Colón regresó con el resto de sus tropas a Isabela. Desde allí, ordenó que zarparan los barcos de mercancías que estaba previsto que volvieran a España con nuevos productos y riquezas. Antonio Torres, que había hecho una buena labor en ausencia de Colón, fue encargado de dirigir aquel regreso.

Cuando los barcos partieron, Colón se sintió de pronto con un gran peso encima. Antonio Torres era uno de sus hombres de confianza, de los mejores. Por eso le había entregado una carta muy confidencial para los Reyes. Su otro hombre de confianza, Margaride, estaba lejos, en medio de la selva. Cierto que había muchos otros valiosos y expertos, pero el almirante dudaba. Aparte de su hermano Diego, al que reservaba para más altas misiones, no sabía en quién confiar.

Entretanto, los problemas aumentaban. Algunos cultivos traídos de España no se adaptaban al clima tropical. Lo mismo pasaba con las personas. La constante y alta humedad, la diferencia de temperatura, de alimentación, las aguas... Todo influía en el malestar de la gente. Empezaron a darse casos de disentería. Los hombres perdían los nervios y se volvían agresivos. En cuanto a los indios, reclutados para un trabajo al que no estaban acostumbrados —el de la agricultura o la minería—, no rendían como habría sido de esperar. Tampoco se les podía exigir mucho, porque su condición física era delicada y no soportaban largas y pesadas horas de trabajo.

Ésta fue la primera razón para el terrible tráfico de esclavos que ensombrecería las aguas oceánicas durante largos siglos. Puesto que los indios no servían para el trabajo, se transportarían como mercancías a los negros de África, físicamente más resistentes. Todos los reinos europeos que se decían civilizados tuvieron que ver con este abuso que degradó durante generaciones a tantos seres humanos.

Algunos españoles se mostraban partidarios de emplear a los indígenas como esclavos, y el propio Colón lo propuso en una de sus cartas, con el fin de rentabilizar las riquezas de todo tipo que iba descubriendo. Pero los Reyes nunca aceptaron sus sugerencias a ese respecto.

Las órdenes reales eran estrictas: como vasallos de la Corona, los indígenas eran iguales a los demás súbditos. Además, una vez bautizados, nada les diferenciaba ya de los castellanos en cuanto a dignidad y derechos. Podían cambiar sus nombres, utilizando el que recibían en el bautismo, e incluso sus apellidos, adoptando los de los españoles; algunos caciques y sus familias ya habían tomado esa determinación: el cacique Guarocuya pasó a llamarse Enriquillo, mientras su mujer, sobrina de la cacique Anacaona*, se hacía llamar doña Mencía. A los indios les parecía que así eran más importantes y prestigiosos.

Una mañana, mientras Pedro distribuía entre los colonos la ración correspondiente de harina, las murmuraciones arreciaron.

—Cada vez nos dais menos harina. Y este pan se parece al de España como el aire de aquí al de Castilla —protestó un colono.

—Yo cumplo órdenes —se excusó Pedro—. La harina está acabándose.

Haciendo caso omiso de sus excusas, el colono increpó a Pedro.

—Tendrían que enviar barcos de España con harina y con todo lo que necesitamos. Así no se puede vivir. Ya se lo puedes decir al almirante.

Pedro dudaba. Sabía que el almirante tenía muchos problemas y que el de la harina no era sino uno más y no de los mayores. Sin embargo, le parecía que su obligación era no ocultarle nada y transmitirle el sentir de los colonos.

—Señor, hay quejas por el reparto de la harina. Los hombres dicen que la cantidad que se les da es insuficiente.

Colón apenas se detuvo un instante a pensar antes de responder.

—Está bien, construiremos molinos y fabricaremos nosotros mismos la harina.

Los molinos se construyeron rápidamente. El problema fue que no había molineros. Nadie quería serlo, porque ese oficio se tenía por vil, ya que, tradicionalmente, habían sido esclavos los que habían hecho girar las piedras de los molinos. Los indios no tenían fuerzas para aquel trabajo, y además no podían, en ningún caso, ser tratados como esclavos, pues eso iba contra la ley castellana.

—Vosotros seréis vuestros propios molineros —ordenó Colón—. Lo mismo da que seáis hidalgos que villanos, marineros que oficiales. Todos debéis colaborar en esta tarea, porque todos coméis el mismo pan.

—Ya nos ha obligado a construir la ciudad con nuestras manos —rezongó un orgulloso castellano—. ¡Y ahora pretende que demos vueltas al molino, como si fuéramos esclavos o animales! ¿Qué se ha creído este extranjero que somos?

—Trata mejor a los indios que a nosotros —añadió otro.

—Sí, pero no hay más remedio que obedecer. Recordad que, extranjero o no, él representa a los Reyes como Virrey de estas tierras.

—Si él es el Virrey —dijo el primero que había hablado—, el padre Buyl es el Vicario, o sea, que representa al Papa. Veremos lo que opina de todo esto la Iglesia.

El padre Buyl no dudó en hacer causa común con los que protestaban. Desde el púlpito, tronaba contra todas las decisiones del almirante. La situación entre los dos poderes llegó a tal punto que el altivo clérigo tomó la decisión de regresar a España, alegando que no aguantaba más en aquel país de salvajes regido por un extranjero que ignoraba las costumbres de los hidalgos castellanos.

Colón respiró tranquilo cuando vio partir la nave donde viajaba su enemigo. Pero no se habría quedado tan satisfecho si hubiera podido adivinar todas las intrigas que el padre Buyl urdiría en su contra en cuanto llegase a Sevilla...

Sin embargo, la desaparición del padre Buyl y de unos cuantos descontentos más que partieron con él parecía haber suavizado las cosas. El almirante no era hombre de quedarse quieto, así que una mañana de primavera, después de delegar en su hermano Diego todos sus poderes, decidió embarcarse de nuevo para seguir descubriendo y explorando aquel mundo de islas que parecía infinito. ¿Dónde se hallaría la tierra firme? ¿Y dónde Cipango, la isla que tanto deseaba alcanzar?

# DEL NUEVO AL VIEJO MUNDO

El 24 de abril de 1494, tres pequeñas carabelas tripuladas por cincuenta hombres salieron de Hispaniola. Colón patroneaba una a la que estaba unido por el recuerdo sentimental: se trataba de la *Niña*, aquella heroica navecilla que logró transportarlo, por encima de vientos y tempestades, de regreso hasta el punto de salida en su primer viaje. Ahora, repintada y puesta a punto, lucía un nuevo nombre: la *Santa Clara*. Pedro, convertido en secretario del almirante, viajaba con él en la pequeña nave capitana.

Las otras dos embarcaciones se llamaban *San Juan* y *Cordera*. El almirante había querido que ambas fuesen ligeras y de poca envergadura, pensando que así serían más cómodas y manejables para los viajes de exploración.

Comenzó por costear la parte norte de aquella gran isla a la que los indígenas llamaban Jamaica y que él bautizó como Isla Santiago. No podía imaginar Colón que, años más tarde, pasaría en ella los meses más tristes y más duros de su vida. Luego, fue recorriendo una sucesión de pequeñas islas cuya variada y maravillosa vegetación le fascinó de tal modo que, siéndole tarea ímproba asignar un nombre a cada una de ellas, las llamó a todas juntas el Jardín de la Reina.

Después de tantas islas diminutas, al fin arribaron a una grande. El almirante, completamente obsesionado con la idea de encontrar Cipango, reunió a la tripulación y dijo:

—¡Demos gracias a Dios que nos ha permitido llegar hasta aquí! No me cabe la menor duda de que ésta es la isla de Cipango que andábamos buscando.

—Señor —sugirió Pedro—, ¿no sería mejor comprobarlo adentrándonos en el interior?

—No es preciso —replicó Colón—. Yo os digo que esta isla es Cipango; y el que lo niegue, si es oficial, pagará una multa de diez mil maravedíes, y si es marinero, recibirá cien latigazos.

«No sé por qué, pero no creo que sea Cipango —pensó Pedro—. Mas ¿cómo convencer a alguien tan ofuscado? Y ¿con qué pruebas?»

Mientras Pedro cavilaba, Colón ya había dispuesto la solemne ceremonia de toma de posesión. No se limitó a plantar el estandarte de Castilla y leer el acta notarial por el cual aquellas tierras se anexionaban a la Corona, sino que además obligó a jurar a los cincuenta tripulantes ante el Santo Cristo, la Virgen María y todos los santos que aquella isla era en verdad Cipango, y así lo hizo poner por escrito.

Habiendo creído cumplir su principal objetivo al alcanzar aquella exótica isla, que más tarde se conocería como Japón, el almirante decidió volver a Hispaniola. Su sueño de poseer un virreinato estaba teóricamente conseguido, sin embargo, ¿por qué no se instaló allí o dejó a alguien encargado de organizar inmediatamente sus estados? Quizá porque el afán de aventura y descubrimiento era más fuerte que todo. Quizá porque temía equivocarse de nuevo y, como más tarde haría el hidalgo manchego que tomó el sobrenombre de don Quijote al no querer probar la resistencia de su celada, Colón no quiso comprobar la verdadera identidad de aquella tierra. En sus sueños y en sus deseos, siempre sería Cipango...

El viaje de regreso a Hispaniola, que empezó de manera bastante satisfactoria, tuvo sus dificultades al rodear la isla, a causa de los fuertes vientos y oleajes. Por fin, el 18 de julio llegaron a Isabela. Habían partido de lo que Colón llamaba Cipango el 25 de junio; por tanto, les había costado casi un mes hacer aquel trayecto que habría resultado mucho más breve en buenas condiciones atmosféricas.

Las tensiones vividas habían menguado fuerzas en el almirante hasta tal punto que, al llegar a Hispaniola, tuvo que ser bajado del barco en unas parihuelas. Su dolencia no era sólo física, sino también emocional: demasiadas decepciones, amarguras, vacilaciones y luchas enturbiaban su espíritu. Por suerte, en Hispaniola le esperaba alguien que le iba a remontar el ánimo.

—¡Bartolomé! —exclamó el almirante lleno de alegría—. ¿No estoy soñando? ¿De veras eres tú?

Al lado de Bartolomé, Diego reía.

—Doy fe, Cristóbal, de que es él, Bartolomé Colón, nuestro hermano mayor.

—¿Cómo es posible que estés aquí?

—Vuestras nuevas me llegaron cuando andaba por Francia —respondió Bartolomé—, adonde me mandaste para las gestiones que ya sabes.

Colón sonrió al recordar. Todos aquellos largos años en que anduvo de la ceca a la meca, como suele decirse, pidiendo ayuda para su proyecto de corte en corte, se habían desvanecido como un mal sueño. Génova, Venecia, Portugal, Francia —lugar de las «gestiones» a que aludía Bartolomé—, Inglaterra... Sería en la Corte de los Reyes Católicos, cuyos reinos se debatían entre moros, judíos, inquisiciones, reconquistas, miserias e ideales, donde acabaría encontrando el dinero que financiara su viaje tan deseado. Ahora, daba por bien empleadas todas aquellas idas y venidas que tanto le habían desesperado antaño.

—Inmediatamente —prosiguió Bartolomé— partí para unirme a ti en Sevilla, pero llegué tarde: ya habíais zarpado. Entonces la reina Isabel, sabedora de lo ocurrido, me proporcionó tres barcos para armar una pequeña expedición y reunirme contigo, como, gracias a Dios, ha sucedido.

—¡Dios bendiga a la Reina, nuestra señora! —exclamó el almirante.

—Y más la bendecirás cuando sepas todos los regalos que me ha entregado para ti: telas preciosas labradas como las que se usan en la Corte, sedas orientales, aguas de colonia, jabones... Te aseguro que son presentes propios de un rey.

La presencia de Bartolomé, un hombre decidido y enérgico, bastante más duro que él, animó extraordinariamente al almirante, que no tardó en recuperar fuerzas. Las necesitaba, pues no eran precisamente halagüeñas las noticias que llegaban de Santo Tomás, aquel fuerte enclavado en la selva para preservar la mina de oro.

El pequeño destacamento vivía en una situación de alerta permanente. No sabían dónde estaban los indígenas hostiles, pero podían percibirlos a su alrededor. Se encontraban presos en su fortín, sin más recursos que los suyos propios, que escaseaban cada vez más. Los sitiados habían acabado comiendo sapos, salamandras e insectos para poder sobrevivir. Los indios no les permitían ya el trueque: parecían haber perdido todo interés en los collares de vidrio y los gorros colorados.

Tampoco les estaba permitido conseguir comida de otras formas. Si salían en busca de caza, siempre caían algunos abatidos por flechas misteriosas lanzadas desde la nada... pues era imposible dar con los arqueros en aquel laberinto verde y húmedo que formaba la selva tropical: lugar conocido y familiar para los indígenas, pero terrible trampa para los españoles.

Estas malas noticias no impidieron que, a la caída de la tarde, se celebrara una cena especial con ocasión de la reunión familiar de los tres hermanos Colón. El ambiente festivo de la *María Galante* había relajado la guardia, pero no tanto como para que no observaran que una figura llegaba sigilosamente a nado por el agua. A punto estuvo de recibir un arcabuzazo por no identificarse, mas antes de que el tiro se produjera, un par de marineros lo izaron a bordo y descubrieron con estupefacción que se trataba del intérprete de Guacanagri, Oromico.

—Yo correr mucho. Yo venir ver vuestro jefe —dijo, exhausto.

Lo llevaron en presencia del almirante. Pidió quedarse a solas con él y así se hizo, aunque se colocó una guardia como prevención en la puerta de la cámara.

Oromico explicó que Guacanagri, como muestra de su amistad con los españoles, quería prevenirlos de la traición que planeaba un cacique rival, Canoabo, ya a punto de rematar los últimos detalles para el asalto a Santo Tomás. Colón temió lo peor. Imaginó que el fortín protector de la mina de oro se convertiría, si no ponían remedio, en otro fuerte Navidad. Había que actuar de inmediato.

La rivalidad de los caciques favorecía sus planes. ¡Cómo se alegraba de no haber dado muerte a Guacanagri cuando sospechó de él y de su intervención en el ataque al fuerte Navidad! Fuera inocente o culpable de aquello y aunque sólo actuara por odio a su rival, lo cierto es que Guacanagri les estaba prestando un buen servicio con aquella información.

El almirante empezó a dar vueltas en su cabeza a la mejor manera de combatir a aquellos escurridizos indígenas. Un engaño podía ser más eficaz que una batalla: si conseguía aprisionar al cacique, su pueblo quedaría desmoralizado y además se evitaría mucho derramamiento de sangre.

Recordó que el capitán Hojeda le había contado de qué forma logró capturar a un cacique, ofreciéndole unas pulseras de cobre que, al ponerlas, se cerraban sobre las muñecas y se convertían en esposas. El sorprendido cacique fue izado a caballo y salieron a galope llevándolo prisionero y dejando espantado a todo su pueblo.

«Esta vez —pensó Colón—, no usaremos pulseras, sino una camisa. Una preciosa camisa blanca bordada que, cuando se la vista, se cerrará como una armadura y podremos fácilmente con él.»

—Yo vivir con españoles —declaró Oromico—. Españoles más poderosos que indios. Mejores armas, mejores cosas. ¿Yo quedar?

—Sí —le contestó el almirante—. Podrás quedarte con nosotros, pero primero deberás bautizarte. En adelante te llamarás Pablo, que fue un hombre que, como tú, vio la luz cuando andaba en tinieblas y supo elegir el mejor camino.

Con el refuerzo de su hermano Bartolomé, Colón determinó enviar tropas de ayuda a Santo Tomás. Esas tropas demostrarían a los indios que los españoles no estaban dispuestos a renunciar, que consideraban suyo aquel territorio y, por ello, lo marcarían con cruceros e hitos de piedra que confirmaran la posesión.

Un ejército de trescientos hombres —de ellos, sesenta jinetes, ciento diez arcabuceros y veinte oficiales— partió para Santo Tomás. El capitán Hojeda los mandaba. El indio Pablo, que era el único que conocía aquellos lugares, había conseguido hacer llegar a Margaride un mensaje. En él se le comunicaba que recibiría ayuda muy pronto y se le pedía que formara una tropa de auxilio que recorriera y vigilara los alrededores del fortín.

La noticia de la victoria de los españoles en aquel primer encuentro llenó de optimismo a todos. Cuando Hojeda contaba la graciosa manera en que hizo prisionero a Canoabo ofreciéndole una camisa, todos sus oyentes se reían. Pero aquella victoria no significaba la pacificación del territorio. Los indios seguían hostigándoles y Colón necesitó casi diez meses hasta lograr que depusieran su actitud y aceptaran la presencia de los españoles.

La batalla definitiva tuvo lugar el 26 de marzo de 1495. A la cabeza de doscientos hombres, veinte jinetes y una cuadrilla de feroces perros corsos, Colón partió en busca del ejército indígena, que era muy superior en número. Por fortuna para los españoles, sus pesadas armaduras, que tantos calores, molestias e incomodidades les producían, esa vez cumplieron su cometido de salvar sus vidas. Las flechas que en número incontable caían sobre ellos apenas hacían efecto, porque las corazas, los uniformes y los escudos de los españoles las repelían. Se llamó a aquella batalla la de *El Milagro de las Flechas*.

Los indígenas se mostraron aterrados frente a los caballos y los perros de los españoles. Los jinetes disparaban sus arcabuces desde lo alto de sus relinchantes monturas, lo que les daba una apariencia de espantosos centauros; en cuanto a los perros, sólo sus ladridos bastaban para atemorizar a los indios, que jamás habían visto tales fieras.

Aún hubo más batallas y escaramuzas antes de que verdaderamente estuviera pacificada la isla. Colón se hallaba cada día más tranquilo, pensando que sus asuntos iban por buen camino, en compensación por sus muchos esfuerzos.

Todavía permaneció el almirante unos meses en Hispaniola resolviendo asuntos burocráticos. Precisamente para solucionar esas cuestiones con los Reyes, decidió que debía volver. Mas no pudo hacerlo en la fecha prevista.

Un terrible huracán tropical se cernió sobre la isla. Durante un par de semanas, todo fue desolación y destrucción. Los hombres ya no se enfrentaban entre sí, porque la naturaleza los unía en su ímproba lucha contra los elementos. Casas, fortines, empalizadas, cabañas, barcos..., todo quedó arrasado por el huracán. De las siete carabelas refugiadas en el golfo próximo a Isabela, sólo una, la insumergible *Santa Clara*, podía aún ser útil para navegar, una vez reparadas sus averías.

Los restos más aprovechables de las otras sirvieron para fabricar una nueva carabela que recibió el nombre de *India* y que fue la primera embarcación construida por los españoles en el Nuevo Mundo.

La *Santa Clara* y la *India* zarparon hacia la isla Guadalupe y luego a España el 10 de marzo de 1496. En ellas viajaban, además de la tripulación habitual, compuesta por pilotos, oficiales, marineros y grumetes, Pablo, como traductor; Canoabo, como prisionero que Colón deseaba ansiosamente exhibir ante los Reyes; y, por supuesto, Pedro, que pese a su juventud se había convertido, por su fidelidad y discreción, en el hombre de confianza del almirante.

Colón partía relativamente tranquilo, pues había dejado a su hermano Bartolomé, al que había otorgado el título de Adelantado, como responsable de aquella incipiente colonización. Por otra parte, atravesaba un océano que ya no le era desconocido. Sin embargo, los elementos siempre resultaban imprevisibles. Aquella travesía de regreso fue la más dura de todas. Pasaron casi dos meses luchando con los vientos y el oleaje y padeciendo racionamiento de comida y agua, lo que descorazonaba a la tripulación.

La mayor parte de los indios que les acompañaban no soportaron las penalidades y fallecieron, entre ellos el jefe Canoabo, para descontento de Colón. Pedro nunca había visto echar tantos cuerpos por la borda. Las profundidades marinas serían la tumba definitiva de aquellos desgraciados indígenas.

Al fin, las dos embarcaciones, fatigadas y quebrantadas de tantas sacudidas, llegaban al puerto de Cádiz, con gran mengua de tripulantes, el 11 de junio de 1496.

La recepción principesca que tuvo lugar a la vuelta del primer viaje nada tenía que ver con la que siguió al segundo. En vez de vestir lujosas ropas, el almirante había sustituido su capa de grana ribeteada de piel y sus joyeles por un hábito franciscano ceñido con un cordón. Se sentía en parte fracasado debido a todos los acontecimientos terribles que habían sucedido en el Nuevo Mundo y las numerosas muertes acaecidas durante el regreso.

Para impresionar a los Reyes, el almirante dispuso un escenario casi religioso, donde él aparecía como penitente rodeado de los pocos indios supervivientes vestidos con sus trajes de ceremonia, los cuales se dispusieron en corro en torno a él como si formaran una guardia de honor.

Tampoco los Reyes estaban para muchas fiestas. Bajo su manto real, la Reina vestía el mismo símbolo de penitencia que Colón: el cordón del hábito franciscano. Los soberanos empezaban a preocuparse tras escuchar tantos informes contradictorios sobre la labor de Colón en el Virreinato. Sin embargo, seguían confiando en él. El navegante infatigable les hablaba de las tierras que aún quedaban por descubrir o a las que había que llegar y civilizar: Catai y Cipango, en donde, según él, ya había estado.

—Si Vuestras Altezas pudieran ver las minas de oro, la fauna y la flora riquísimas, que parecen no agotarse nunca, las islas paradisíacas que yo bauticé como el Jardín de la Reina en homenaje a Vuestra Alteza...

No olvidaba Colón mencionar la importancia de la labor evangelizadora, pues sabía que ese punto conmovería a la piadosa reina Isabel. Por eso, les contó cómo había apadrinado en su bautismo a los caciques que habían decidido —voluntariamente, según él— convertirse. También les presentó al indio Pablo, que cada día hablaba más fluidamente el castellano. Para la Reina, aquellos ejemplos constituían otra importante razón por la que continuar la empresa del descubrimiento y conquista de nuevos territorios.

Pero la tercera expedición no se iba a preparar tan rápidamente como la segunda. El entusiasmo había menguado, los medios también.

—Pedro, quedas libre para hacer lo que gustes —le dijo el almirante—. Cuando esté dispuesto para partir, si deseas acompañarme, será un honor para mí llevarte de nuevo.

—Gracias, señor.

—¿Qué planes tienes?

—Me gustaría volver a mi pueblo y ver cómo están las cosas por allá. Desde que salí de niño, no he regresado.

—Harás bien.

—¿Y vos?

—Yo pararé unos días en La Rábida y luego, como de costumbre, seguiré a la Corte hasta conseguir todo lo que necesito para la nueva expedición. Ojalá tengas noticias mías pronto, será buena señal.

—Si vais a La Rábida, no olvidéis saludar de mi parte a fray Juan, que ha sido un padre para mí. Espero visitarlo antes de partir de nuevo.

—Así lo haré. Adiós, Pedro, y buena suerte...

Cuando se despidieron, Pedro no imaginaba que transcurrirían dos años antes de que se reencontraran.

Dos años que empleó, como había previsto, en poner en orden sus asuntos. Ya tenía edad para hacerse cargo de los bienes de su padre: la casa blasonada, que estaba en ruinas y saqueada por vecinos codiciosos; los campos, echados a perder, utilizados como pasto... Acostumbrado a trabajar duramente, no tuvo inconveniente en reparar la casa con sus propias manos, haciendo de albañil, de carpintero y todos los demás oficios que fuera menester y que él había aprendido sólo por la observación.

No faltó quien le criticara por trabajar con las manos siendo hidalgo. Pero a él aquellas críticas no le hacían mella. La hidalguía se ganaba con las buenas acciones. En el Nuevo Mundo había aprendido que los hidalgos pueden trabajar manualmente sin perder por ello dignidad ni merecimientos.

Todo su ánimo no evitaba que se sintiera solo. La anciana Abundia había muerto. Sus amigos de infancia eran unos desconocidos. Muchos habían partido de aquel pueblo pequeño, otros formaban parte del ejército y en fin, más de uno había optado por la Iglesia, ingresando como fraile en alguna de las órdenes religiosas que existían entonces en Castilla: dominicos, agustinos, franciscanos... Así se cumplía el dicho popular que auguraba sólo tres futuros posibles a los jóvenes: «Iglesia, mar y casa real».

Pedro había elegido el mar. Sin embargo, no estaba seguro de su elección. La fidelidad al almirante le había movido a comprometerse con él para acompañarle en su tercer viaje cuando se efectuase; no había perdido el gusto de la aventura, pero ahora que la conocía en toda su dureza, se daba cuenta de que pasar una vida así no era posible. Como aquellos colonos de Isabela, él debía buscar su lugar.

El pueblo de su padre se le había quedado pequeño. Cuidar de aquellos campos paupérrimos, que apenas daban para vivir, y pasar el tiempo como los viejos hidalgos, de misa a casa, y por las tardes paseando por la plaza mayor, no le resultaba un modo de vida apetecible en aquel momento. Un joven como él, de mucha alcurnia y poco dinero, no tenía un futuro claro. Tras pasar allí unas semanas, finalizadas las reparaciones, puestos los campos en manos responsables que prometieron ocuparse de ellos y pagar la mísera cantidad acordada, ¿qué le quedaba por hacer en el pueblo?

Entonces recordó la frase de su mentor fray Juan: «Saber, sea de lo que sea, siempre es útil, Pedro». Y decidió encaminarse a la cuna del saber: Salamanca. Allí estudiaría, volvería al contacto de los libros, de los que siempre sacaba algún provecho. Vería cómo habían avanzado las ciencias durante aquellos años en que estuvo ausente en el Nuevo Mundo.

Y así, sin más dilaciones, con una sencilla alforja al hombro, se puso en camino de Villada a Salamanca.

# EL JUGLAR Y EL CABALLERO

—Señoras y señores, escuchen la historia de la toma de Calais por el rey de Inglaterra, la del combate singular de los cuarenta caballeros, la de cómo murió envenenada la condesa Ermelinda a pesar de ser inocente...

Un juglar con llamativo jubón a rayas de colores y gorro de cascabeles intentaba atraer la atención del público. Era alto y huesudo, de mirada abierta y bondadosa. Pedro, movido por la curiosidad, no dudó en acercarse. Aquellas historias le recordaban las que, en su infancia, le contara la buena Abundia, ninguna de las cuales había olvidado.

—Señor juglar, todas esas historias, ¿son verdaderas o fingidas?

—Las hay de todas las clases. La historia de la toma de Calais es verdadera, o así lo afirma el cronista Froissart, de donde la he sacado; en cambio, la de la condesa Ermelinda es pura invención, pero a la gente le gustan las historias de crímenes, sobre todo porque suelen ser casi siempre por amor...

El juglar recitó, a petición del público, la tragedia de Ermelinda. Recogió unas monedas y lo que quisieron darle y siguió su camino, que era el mismo que llevaba Pedro, por lo que determinaron ir juntos.

Arnaldo, que así dijo llamarse el juglar, resultó un ameno y divertido compañero de viaje. Sabía muchas más historias y cantares de las que guardaba en su alforja, de modo que la jornada se les hizo muy breve.

A la caída de la tarde, les tocó caminar a lo largo de la ribera de un río. Era preciso pasar al otro lado, pero el puente tardaba en aparecer. Por fin divisaron los arcos de piedra. En la entrada del puente, un caballero de imponente presencia, gran estatura y largos y descuidados cabellos les salió al paso portando una espada desenvainada y les saludó con voz tonante.

—Dios os guarde, viajeros.

—A vos también.

—¿Sois hidalgos* o pecheros*?

—Hidalgos, señor caballero —respondió Arnaldo—. Como todos los seres humanos.

—¿Cómo podéis decir que todos los seres humanos son hidalgos?

—Porque todos son *hijos de alguien*, y eso es lo que significa la palabra hidalgo.

—Entonces, decidme cómo os llamáis.

—Arnaldo López de Lóriga.

—Luego sois hidalgo. ¿Y el joven que os acompaña?

—Pedro Gómez de Zárate.

—También hidalgo... Está bien. Yo soy Rodrigo de Arnedo y guardo este puente. Para pasarlo, vos, Arnaldo, y vos, Pedro, debéis pelear conmigo a espada. En cuanto os deis por vencidos o a la primera sangre, podréis pasar.

—Y si no fuéramos hidalgos, ¿no tendríamos que luchar?

—No, señor. Me conformaría con que me dierais unos huevos o unas frutas, cualquier cosa comestible, porque no soy caballero de piedra.

Arnaldo revolvió en su zurrón.

—Entonces, consideradnos a los dos pecheros y os daré un pedazo de hogaza acompañado de buen queso manchego.

—¿Cómo habría de consideraros pecheros siendo caballeros? Si no tenéis espada, aquí os presto la mía, que yo siempre llevo dos para estos casos.

—¿Hay alguna razón especial para que guardéis el puente de esta forma?

—La hay, pero no os importa saberla, señor hidalgo. Sólo la contaré si me vencéis, y eso es algo que aún no ha ocurrido.

Pedro reflexionó un momento y luego dio un codazo a Arnaldo.

—Os propongo una pelea diferente, Rodrigo. Un combate sin sangre. Lucharemos con la inteligencia en vez de con la espada. Supongo que mi propuesta no os asusta...

—Yo no me asusto de nada, señor. Pero no entiendo cómo pueda ser esa clase de batalla...

Sobre el polvo del suelo, Pedro trazó una serie de rayas formando cuadros.

—¿Conocéis el ajedrez? Es un juego muy antiguo inventado por los persas. Dos ejércitos se enfrentan hasta acabar con el rey del contrario. Mirad, he aquí los ejércitos.

Buscó piedras de diversas formas, texturas y colores, y las fue colocando sobre los cuadros.

—Éstas son las torres, que defienden al rey y sólo se mueven en línea recta. Éstos, los caballos, los cuales pueden saltar oblicuamente sobre los cuadros... así, ¿veis? Los alfiles recorren el tablero en diagonal... La dama o la reina tiene libertad para moverse a donde quiera y cuanto quiera... Y aquí está el rey, por supuesto. El rey sólo puede avanzar de un cuadrado al siguiente. Y finalmente, los ocho fieles peones, dispuestos a sacrificar sus vidas, siempre hacia delante hasta el campo contrario. ¿Os atrevéis a jugar?

Rodrigo había envainado la espada y estaba de cuclillas sobre el suelo mirando con curiosidad. Entretanto, Arnaldo sonreía, como si él también conociera el juego.

—Nunca nadie me había retado a algo parecido... Por supuesto que jugaré.

Un par de horas más tarde, Rodrigo había perdido la primera partida de ajedrez de su vida.

—Podéis seguir vuestro camino.

—Antes hemos de saber la razón de vuestra presencia en este puente. Lo habéis prometido.

Rodrigo vaciló un instante y luego confesó:

—Soy un hidalgo segundón. Mi hermano mayor lo tiene todo pero vive en la Corte. Mis dos hermanos menores están en el ejército real con gran honor. Yo también quisiera ir al ejército o al mar, pero no puedo. Desde que murió nuestro padre, me ha tocado quedarme aquí a cuidar de la casa y las posesiones familiares.

—¿Y eso no os agrada?

—En absoluto. No estoy hecho para discutir con campesinos sobre las cosechas y con funcionarios sobre los impuestos y aranceles.

—¿Por eso queréis pelear con todo el que pase el puente?

—Ya que tenía que quedarme por aquí, decidí emprender algo que me hiciera famoso y respetable. Lo de guardar un puente lo he oído contar de un caballero galaico que lo llamaba *El paso honroso*; yo también lo hago por aumentar mi honra. Y ahora que ya lo sabéis todo de mí, decidme, ¿hacia dónde os dirigís?

—A Salamanca. Mi compañero va a estudiar en su universidad* y yo a visitar a mi hermano mayor.

—Pues os acompañaré. Me apetece viajar un poco. ¿Por qué no venís a mi casa y pernoctáis en ella? Eso sí, debo pediros algo...

—¿El qué?

—Dadme otra oportunidad de venceros en ese endemoniado juego del ajedrez. ¡Quiero la revancha!

Después de parar un día en la hermosa casona solariega de Rodrigo, los viajeros volvieron al camino. Estaban atravesando un bosque cuando vieron que de los árboles pendían unas formas extrañas que sacudía el viento.

—Ahorcados —murmuró Rodrigo santiguándose—. Dios los haya perdonado.

—Dicen que éste es territorio de bandidos, Rodrigo... Sin duda, la Justicia ha hecho su trabajo con unos cuantos de estos infelices.

Pedro miró horrorizado los cuerpos ennegrecidos por el sol y lavados por la lluvia. Los cabellos colgaban lúgubremente de los cráneos semipelados y las cuencas vacías estaban picadas por los pájaros. No parecían humanos, sino fantoches como los que se usaban para espantar a las aves de los sembrados.

Siguieron su marcha en silencio. La noche caía y empezaba a refrescar. Las sombras del bosque eran cada vez más densas y no se veía posada ni luz en lontananza.

—Imaginad que ahora nos atracan esos bandidos de los que hablabais y nos quitan lo que llevamos —comentó Pedro.

—Estando yo con mi espada, no debéis albergar temor alguno —dijo Rodrigo.

—Por otra parte —reflexionó Arnaldo—, el único tesoro que importa es el que nadie nos puede quitar.

—No sé a qué os referís... —replicó Rodrigo.

—Me refiero a lo que guardamos dentro de nuestra cabeza... Algo que vale más que todo y que nadie puede arrebatarnos. No me cabe duda de que todo aquello que nos puedan quitar vale mucho menos que lo que nadie puede quitarnos.

—Por lo que veo, sois filósofo además de hidalgo. ¿Cómo es que andáis hecho casi un pordiosero por los caminos?

—Es una larga historia. Quedé huérfano siendo niño y me crió mi hermano mayor, que siempre pensó en destinarme al claustro, pues ya teníamos otro hermano en el ejército. Así que me hizo ingresar en un monasterio.

—Perdonad, Arnaldo —interrumpió Pedro—, pero me resulta increíble cómo vuestra historia se parece a la mía. Yo también quedé huérfano y también me crié en un monasterio. Pero no tengo hermanos ni ninguna familia de sangre, que yo sepa.

—¿Así que fuisteis fraile antes que juglar? —se interesó Rodrigo.

—En verdad no llegué a serlo —respondió Arnaldo—, porque en cuanto tuve edad suficiente para poder pensar por mí mismo, colgué los hábitos y marché a Salamanca como estudiante. Y estos últimos tiempos he decidido convertirme en juglar.

—¿No os fue bien en Salamanca?

—Sí, pero de todo hay que descansar. Lo peor fue la reacción de mi hermano mayor, Circunciso. Cuando le contaron que me había convertido en un estudiante sopista* de baja estofa, con mi sombrero adornado por una cuchara y envuelto en una capa vieja, casi se muere del disgusto...

—Pero ¿por qué deseabais tanto ser estudiante?

—Porque me interesa todo lo que Dios ha puesto en el universo: el cuerpo humano, las plantas, los astros...

—Cierto. Tiene que ser algo grande estudiar esas cosas... —afirmó Pedro.

—No todos piensan lo mismo. Los espías que mandó mi hermano le informaron de que mis estudios, en vez de ser especulativos, filosóficos o teológicos, se encaminaban más bien a las ciencias naturales, la anatomía y otros conocimientos fácilmente proclives a incurrir en la herejía y el error. Y mi hermano eso no podía tolerarlo. Me cerró las puertas de la casa paterna y renunció a todo trato conmigo. Por eso me sorprende que ahora quiera verme...

Mientras así hablaban, el bosque se fue aclarando y las luces de una aldea los acogieron. En ella pasaron la noche y al día siguiente llegaron a Salamanca.

La antigua ciudad extendía sus piedras doradas, de las que sobresalían torres cuyas campanas sonaban casi constantemente dando las horas, anunciando misas, bautizos, funerales... Toda la vida y la muerte pasaba entre sus muros, ajenos al tiempo, con las mismas muecas inmutables de los bajorrelieves que ornaban sus fachadas.

Arnaldo los invitó a que le acompañaran a casa de su hermano y allá fueron los tres. La casa familiar era una mansión enorme, situada en las afueras de la ciudad y rodeada de un jardín descuidado. A Circunciso no le interesaban las flores, sino los papeles: aquellos que mostraban que estaba emparentado con lo más granado de la nobleza hasta rozar los pies del trono; porque él se consideraba guardián de las tradiciones y costumbres de su casa y el hidalgo de sangre más limpia de la ilustre familia López de Lóriga.

A su obsesión genealógica sólo se le igualaba otra afición: la devoción religiosa. Era Circunciso un hombre sumamente piadoso, pero no con esa piedad sincera que es complemento de la bondad de corazón y que da sentido a cualquier rito, sino con la falsa e interesada piedad del que, como el fariseo del Evangelio, cree que basta repetir «Señor, Señor» para entrar en el Reino de los Cielos. En la misa y en las procesiones, Circunciso rezaba pronunciando las preces como si estuvieran escritas en mayúsculas, para que todos le oyeran. Presumía de su religiosidad como otros se jactan de sus caballos o de sus joyas.

Ya Arnaldo les había prevenido:

—Mi hermano sólo trata con hidalgos y con clérigos.

La puerta de la casa de Circunciso estaba cerrada a cal y canto. Tocaron el grueso aldabón y, al poco, oyeron unos pasos y la voz de un criado pidiendo que se identificaran. Tras hacerlo así, sonaron cerrojos, llaves y pasadores hasta que se les pudo franquear la entrada.

—Otra manía de mi hermano —comentó Arnaldo por lo bajo—; tiene miedo de que le roben los tesoros familiares y mantiene la casa cerrada como una fortaleza noche y día.

El criado les hizo pasar a una sala en penumbra donde, al poco rato, apareció Circunciso. Era de estatura mediana, ojos castaños, algo encorvado y cargado de espaldas; su cabello, prematuramente encanecido antes de los treinta años, se había vuelto ya blanco por completo. Su rostro habría podido ser agradable de no mediar aquella expresión forzadamente austera, aquel rictus amargo que parecía ocultar tanto disgusto por la vida.

Saludó a su hermano Arnaldo con un gran abrazo y extremadas muestras de afecto y a sus dos acompañantes con la cortesía habitual en estos casos. Pedro, que lo observaba con atención, tuvo la impresión de que aquellas demostraciones de cariño exagerado eran poco sinceras.

Se acercó a una mesa llena de papeles y sus manos huesudas seleccionaron una carta muy manoseada.

—Disculpadnos, señores. Ahora mismo os servirán un refrigerio. Yo debo hablar con mi hermano de asuntos particulares.

Levantó la cortina y desapareció con Arnaldo, mientras Pedro y Rodrigo se entretenían mirando los terroríficos cuadros de mártires torturados que ornaban las paredes.

En cuanto entraron en la alcoba contigua, Circunciso olvidó el rostro amable e increpó a Arnaldo severamente.

—¿Tienes idea de lo que dice esta carta? Que nuestro hermano Facundo ha fallecido. Conoces mis circunstancias. No tengo hijos y sólo tú puedes ser el heredero de la familia cuando yo falte. Así que has de cambiar de vida, dejar de ser un vagabundo y sentar la cabeza.

—¡Facundo ha muerto! —repitió Arnaldo, conmovido.

—Sí, pero eso ya no tiene remedio. Enterrado está en el panteón familiar, donde puedes ir a rezar si gustas.

Ahora se trata de ti. ¡Eres el descrédito de la familia! Deberías pensar en tu apellido y en tu casa antes de salir por ahí como si fueras un cualquiera. ¿Por qué no te instalas en Salamanca y te casas con una dama de buena familia? Yo podría buscarte alguna de gran posición. Tengo muchas relaciones. ¿Qué me contestas?

—Déjame pensarlo, hermano. La vida consiste en algo más que en los blasones y los muros de esta casa... Y ahora, discúlpame, porque debo ocuparme de mis amigos.

Pedro se inscribió en las clases que Arnaldo le había aconsejado. Encontró que, en general, eran demasiado teóricas. Para aprobar algunas materias, los encerraban en un pequeño cuarto con una luz y allí permanecían durante horas memorizando y estudiando un texto que luego debían repetir y comentar. Por otro lado, la vida de estudiante estaba llena de atractivos. Había bromas, camaradería y fiestas. También allí se distinguía entre los estudiantes ricos, que iban bien vestidos y acompañados de criados, y los pobres, que, como había descrito Arnaldo, andaban a salto de mata buscando quien los convidara e ingeniándoselas para sobrevivir sin apenas dineros.

Rodrigo, que no tenía ganas de estudio, se pasaba el día y la noche en los mesones jugando, bebiendo y retando con su espada a quien dudase de su valor.

Pasaron los meses y en los mentideros y las plazas empezaron a correr rumores de que el almirante Colón preparaba otro viaje. Sin embargo, la gente no estaba tan animada a participar como en la ocasión anterior. Muchos habían oído hablar del desastre del fuerte Navidad, de las rivalidades de los españoles entre sí y con los indígenas, de las duras condiciones de vida de los colonos y de la dificultad para encontrar oro.

Gracias a las capitulaciones* que firmara con los Reyes Católicos, Colón tenía la posibilidad de hacerse muy, muy rico, lo que despertaba recelos entre los nobles y las gentes de la Corte; incluso los mismos Reyes tenían miedo de que, si los territorios de Colón eran amplios y los consolidaba, pudiese incluso independizarse, menguando así los derechos de la Corona. Por eso eran partidarios de que se dedicara exclusivamente a sus funciones de navegante y descubridor, para las que había demostraba un poderoso instinto. Para las de gobernante, por el contrario, no resultaba la persona más indicada.

Por medio de fray Juan, con quien mantenía contacto epistolar, Pedro supo que la expedición estaba a punto. Esta tercera expedición sería mucho más modesta que la segunda, pues sólo la componían cuatro naos y dos carabelas, e incluso Colón se encontró con grandes dificultades organizativas y financieras para conseguirlas.

Cuando fue a despedirse de sus amigos, Arnaldo y Rodrigo, se encontró con la sorpresa de que ambos estaban dispuestos a unirse a él.

—Le he dicho a mi hermano —explicó Arnaldo— que daré lustre al apellido conquistando nuevas tierras y no le ha parecido mal... con la condición de que, a mi regreso, matrimonie con cierta dama de alta alcurnia de la ciudad.

—Yo he dejado los asuntos de casa en manos de un administrador honesto a toda prueba. Me lo ha recomendado el cura del pueblo y, sobre todo, mi madre le ha dado el visto bueno. Así que puedo partir tranquilo.

—Pues yo lo tengo más fácil que vosotros, porque no debo dar cuentas a nadie más que a mí mismo —replicó Pedro alegremente.

Los tres se dirigieron a Sanlúcar, no sin antes parar brevemente en La Rábida, donde Pedro contó a fray Juan todo lo que había vivido y aprendido desde que se separó de su lado hacía ya dos largos años.

Con el esfuerzo y el tesón de Colón y la ayuda de sus amigos y colaboradores, la flotilla levó anclas de Sanlúcar de Barrameda el 30 de mayo de 1498. El 19 de junio llegó a la Gomera y el 21, a la isla de Hierro.

En la Gomera, Pedro volvió ilusionado al jardín de todos sus viajes pensando en reencontrarse con María y quizá con su hermano. Pero el jardín estaba desierto y vacío. A pesar de ser junio, le pareció que las flores no lucían lozanas y que el verde se mustiaba. Dio la vuelta a la fachada y tocó a la puerta principal. Allí le informaron escuetamente de que María había ingresado en un convento.

La noticia dejó a Pedro sorprendido y triste. Acarició la pequeña cruz de oro y le pareció recuperar la sonrisa y la voz melodiosa de María, que proféticamente había dicho: «Me figuro que este viaje puede ser muy difícil. Esta cruz te acompañará». Y ahora su cruz era su única compañía. Es cierto que tenía a sus amigos, Rodrigo y Arnaldo; y a su capitán, Colón, que tanto aprecio le mostraba. Sin embargo, al descender al puerto desde las calles en sombra, Pedro se sintió muy solo en el mundo.

# LA CUEVA DEL COCODRILO

El almirante había dividido su pequeña flota en dos: tres naos con doscientos futuros colonos emprenderían rumbo a Hispaniola. Las mandaban personas de confianza de Colón: su primo Juan Antonio Colón y sus amigos Pedro de Araña y Alonso Sánchez de Carvajal. Las otras tres embarcaciones quedaron bajo el mando del almirante, que buscaba realizar nuevos descubrimientos y, para ello, determinó desplazarse más hacia el sur.

Para Pedro, era una satisfacción poder mostrar el Nuevo Mundo a sus dos amigos, que lo miraban con ojos muy distintos. Mientras Rodrigo estaba deseoso de probar su espada contra probables enemigos, Arnaldo prefería observar estrellas, contemplar aves y reptiles, examinar flores y semillas, escudriñando en la naturaleza para reflexionar en torno a los sagrados secretos de la vida, tan variada y vigorosa en aquellas latitudes.

El 31 de julio llegaron a una isla que Colón llamó Trinidad. Desde ella, se veía otra tierra que creyeron sería también isla, y a la que dieron el nombre de Isola Sancta, «isla santa». En verdad era tierra firme, pero esto sólo se sabría después.

El almirante se hallaba tan agotado que ni siquiera fue capaz de bajar a tomar posesión de este nuevo territorio. En su lugar envió a uno de sus capitanes. En el séquito que desembarcó, además de Pedro y sus amigos, estaba también un piloto italiano que se unía por primera vez a Colón en aquel viaje. Su nombre era Américo Vespucio* y nadie podía sospechar entonces que sería él, y no Colón, quien daría nombre al continente cuya tierra firme acababan de pisar.

Cristóbal Colón, enfermo, miraba desde cubierta el impresionante paisaje. Aquella isla debía de ser inmensa... ¿O quizá no era una isla? Porque en realidad estaban en la desembocadura de un río gigantesco cuya lengua de agua dulce se adentraba en el mar a lo largo de varios kilómetros. «Este río —pensaba el almirante febrilmente—, no puede ser otro que el Ganges, y, si seguimos su corriente hasta su nacimiento, por fuerza hemos de llegar al Paraíso Terrenal, si Dios lo permite.» En el *Imago Mundi*, uno de sus libros de cabecera, se mencionaba que el Paraíso estaba flanqueado por cuatro ríos y uno de ellos era el Ganges, que luego regaba la India...

No todos sus acompañantes compartían sus teorías. Algunos estaban allí por la aventura, otros por el oro; casi nadie pretendía alcanzar el Paraíso en la tierra. Sin embargo, Colón no dudó en relatar por escrito su descubrimiento a los Reyes. A continuación puso rumbo a Hispaniola, ansioso de ver cómo andaban las cosas por allí.

A unos diez kilómetros de Hispaniola se levantaba un islote llamado La Beata. En él se detuvo Colón un tórrido día de agosto y desde allí envió discretos emisarios a su hermano Bartolomé para que le pusiera al corriente de la situación antes de hacer su entrada oficial en Isabela.

Bartolomé se apresuró a reunirse con él y le informó cumplidamente.

—Todo va según ordenaste. Hemos empezado la construcción de la ciudad que será capital de la isla, Santo Domingo. Los indígenas están casi todos ellos en paz con nosotros. Pero hay quejas entre los colonos... Los problemas de siempre y otros nuevos.

—¿Cómo habéis encontrado el emplazamiento de la capital?

—De la manera más inesperada. Verás, el marinero Díaz, a quien expulsaste por haber matado en duelo a otro marinero, hizo gran amistad con los indios y se casó con la hija de un cacique, la cual ahora se llama Catalina. Pues bien, esta Catalina habló a su marido de la existencia de una mina de oro...

—¿Otra diferente de la de Santo Tomás?

—Y mucho más rica, al parecer. El caso es que Díaz, con ánimo sin duda de congraciarse con nosotros, vino personalmente a darme esa información y facilitarme todos los datos sobre la región en la que se ha instalado, que es una de las mejores para vivir en esta isla. Y allí se está levantando la ciudad de Santo Domingo, en la desembocadura de un río.

—Te felicito, hermano. Ahora nos queda tratar con los indígenas para acabar de pacificarlos del todo y para hacerles saber que, como súbditos de la Corona de Castilla, deben rendir tributos. Quiero decir que tendrán que pagar en oro; y si no es posible en oro, en algodón o en los bienes que produzca la tierra.

La isla estaba dividida entre los indígenas sumisos, que cultivaban la tierra y mantenían buenas relaciones con los recién llegados, y los levantiscos, que no cesaban de hostigarlos. Entre los primeros, destacaba la tribu regida por Anacaona, viuda del cacique Canoabo. Era ésta una mujer extraordinaria por su inteligencia y atractivo personal. Incluso su nombre, «Flor de Oro» en taíno, parecía el título de uno de sus poemas, pues ella misma componía baladas y *areitos*, poemas narrativos que se cantaban en las fiestas. Anacaona tenía buenas relaciones con Bartolomé y pagaba fielmente su tributo de algodón. Por otra parte, estaban dos caciques, Guarionex y Mayobaney, siempre dispuestos a conspirar contra los españoles.

Colón se reunió con sus hombres de confianza y, como era habitual en él, les atribuyó diversas responsabilidades. Así, Arnaldo permanecería en Isabela al servicio de Bartolomé, que necesitaba gente como él para sus múltiples gestiones, entre otras, las relaciones diplomáticas con la tribu de Anacaona, controlando discretamente que todo estuviera en orden. Anacaona, que tenía una hija muy bella, Higüemota, estaba empeñada en casarla con un noble español a fin de asegurarse las buenas relaciones con aquellos hombres blancos cuya cultura y avances tanto admiraba. Por desgracia, el matrimonio no acabó de concertarse, lo que más adelante ocasionaría problemas entre los indios y los españoles.

Mientras tanto, Pedro y Rodrigo iban a formar parte del numeroso ejército que Colón preparaba, con ánimo de asegurar el vasallaje absoluto de todas las tribus indígenas. Sería una expedición en toda regla, modélica, y no podría dejar ninguna duda sobre quiénes eran los nuevos señores de esas tierras.

No era fácil adentrarse en una selva hostil. Toda su organización, su armamento y sus buenos ánimos no los libraron de tener un encuentro con un grupo de caribes, con malas consecuencias para Rodrigo, que fue herido en una pierna. Al principio no le dio importancia ni quiso hacer caso del dolor que le corroía; pero pronto comprobó que era incapaz de seguir la marcha de sus compañeros. Sin embargo, no quiso pedir ayuda y siguió arrastrándose, convencido de que las fuerzas no le faltarían.

Por desgracia cada vez iba quedándose más rezagado, hasta que advirtió con terror que había perdido de vista por completo a la columna que le precedía. Nadie había reparado en lo ocurrido y él estaba solo en aquella inmensidad de verdor, llena de trampas, de animales desconocidos y con la noche a punto de caer.

Rodrigo arrojó el arcabuz inutilizado con el último disparo, que le fatigaba al caminar con la pierna herida, y se arrastró como pudo hasta llegar a la orilla de un pantano. Entre un crestón de rocas y las aguas se extendía una faja de terreno fangoso, pero más allá se divisaba un oscuro agujero al que llegó, pisando juncos y espadañas. Comprobó que se trataba de una cueva que, sin gran trabajo, permitía el paso de un hombre. Desenvainó la espada, única arma con la que podía contar y, con precaución, se internó en aquel antro que a pocos pasos se ensanchaba dividiéndose en pequeñas galerías. Oyó como un ligero susurro y, guiado por aquel ruido, llegó a un espacio que recibía la luz del cielo por una estrecha rendija. Un delgado hilo de agua cristalina caía hasta el suelo y se perdía después entre guijarros.

La cueva estaba vacía; pero era guarida de animales a juzgar por un olor ligeramente almizclado. Cansado, Rodrigo se reclinó en la parte más seca del pavimento y no tardó en dormirse. No pudo darse cuenta del tiempo transcurrido, pero se despertó con la sensación de haber dormido varias horas y sintió hambre. Un cuerpo enorme reposaba cerca de él. Helado de terror, comprobó que se trataba de un cocodrilo, dueño sin duda de esa vivienda. La temible bestia dormía, pues percibía su lenta y acompasada respiración, y su cuerpo estaba inmóvil. Era un animal que le habría parecido hermoso si olvidaba su fiereza, con la piel verde amarillenta y grandes manchas ovales de color parduzco. Calculó que mediría treinta pies de largo.

Había oído decir que casi todos los reptiles desprecian los animales muertos y acaso éste, encontrándole dormido, le tomara por uno. Siendo así, su salvación dependía de su inmovilidad; pero esta inmovilidad a la que se condenaba equivalía a la muerte. No contaba más que con su afilada espada y tendría que acertar en el corazón a la primera para poder liberarse. Huir no era posible, pues el monstruoso cuerpo obstruía en parte la entrada y se exponía a morir de un golpe de su tremenda cola. Rodrigo aguardó pacientemente la muerte y, entre tanto, se puso a rezar.

De pronto, el animal dio señales de haberse despertado. Abrió su boca y la cerró con ruido de tablas que se golpearan. Debía de ser muy viejo, porque dos de los largos dientes de la mandíbula inferior perforaban la superior y aun asomaban sus puntas por encima del hocico cuando éste se encontraba cerrado.

Se movió y volvió la cabeza fijando sus ojos en Rodrigo, quien, con mirada desorbitada, empuñaba la espada sin atreverse a atacar el primero. El animal no se movía, miraba al hombre con curiosidad manteniendo fijos sus ojos, como si quisiera hipnotizarlo. Así pasaron muchos minutos en contemplación estática. Rodrigo había oído contar que los sapos permanecen horas atraídos y como fascinados por la mirada del hombre y pensó que tal vez a aquel animal le ocurriera lo mismo.

Transcurrieron dos o tres horas, acaso más. El animal no se movía mientras Rodrigo creía envejecer bajo aquella mirada fría. Por fin, el cocodrilo abrió desmesuradamente la boca, se volvió con lentitud y salió de la cueva.

Era inútil pensar en escapar. El cocodrilo estaba a pocos pasos de la entrada y casi metido en el pantano. Libre de la mirada del monstruo, Rodrigo se rehizo un tanto, respiró hondo y se dio cuenta de que seguía vivo porque sentía un hambre cruel. No pasó mucho tiempo cuando oyó un desesperado aleteo: el cocodrilo entraba lentamente en la guarida con un magnífico ánade que había atrapado por las patas mientras nadaba. El animal depositó el ánade ante el hombre, después de haberlo sacudido violentamente contra el suelo.

Cogió Rodrigo el ave agonizante y acabó de matarla, abriéndola rápidamente con su espada. Cortó las patas, lo despedazó y apoderándose de las porciones más de su gusto, arrojó al cocodrilo el resto, que pasó en un instante a su estómago. Saciado con aquella carne cruda, se atrevió a moverse por la gruta. El cocodrilo le dejaba hacer, siempre con la mirada fija en él. Pasó a la estrecha galería que recibía la luz del cielo, bebió en aquel pequeño chorro, lavó su herida, que, por fortuna, no tenía mal aspecto, y quedó allí algo más tranquilo. El cocodrilo avanzó unos pasos hasta asomar su cabeza en aquel refugio, sin dejar de mirarlo.

Fueron pasando las horas. Rodrigo se reclinó entre las rocas y quedó dormido. Cuando despertó, se encontró solo. No tardó en oírse ruido y esta vez fue una garza lo que el reptil puso a sus pies. Se repitió la operación hecha con el ánade, comieron juntos el hombre y el animal y éste último volvió a salir. Lo siguió Rodrigo hasta la puerta, ya casi desprovisto de temor, y vio algo extraordinario que le conmovió: algunos cocodrilos de menor tamaño intentaban entrar en la cueva para apoderarse de él, pero su anfitrión les acometió y puso en fuga, después de herir a alguno con sus terribles mandíbulas. Así fue como Rodrigo perdió el temor al cocodrilo y andaba por la caverna libremente, esperando recuperarse de la herida para salir de allí en cuanto le fuera posible.

Pasaron varios días. El animal seguía proporcionándole comida, siempre carne cruda, producto de su caza. Familiarizado con el reptil, Rodrigo le hablaba suavemente y el animal parecía adormecerse de placer al escucharle. Llegó esta situación a tal grado de confianza, que Rodrigo echaba de menos al cocodrilo en los ratos en que éste abandonaba la cueva, temiendo que otros animales penetrasen en ella en su ausencia y lo devoraran, pues él todavía no podía correr con la pierna herida.

Alguna vez el animal abría su terrible boca dando señales de inquietud y Rodrigo miraba aquel abismo y encontraba, agarradas a la mucosa bucal, grandes sanguijuelas. Entonces comprendía el favor que el cocodrilo le reclamaba; y alargando el brazo, lo introducía sin temor en aquel cepo, arrancando uno a uno los voraces gusanos y mojando las pequeñas heridas con un pedazo de tela empapada en agua. El animal parecía mirarle con agradecimiento.

Durante aquellos días de su extraña prisión, Rodrigo había curioseado en los recovecos más recónditos de la caverna hasta que acertó a encontrar unas pequeñas piedras de color rojo sangre y violeta, engastadas en la masa de la roca cristalina, que brillaban a la luz del cielo que penetraba por la grieta. Sospechando que fuesen piedras de valor, las fue arrancando a golpes ayudado de un agudo canto y las guardó en lo más profundo de sus bolsillos.

Pasó muchos ratos entretenido con aquella labor en la que, poco a poco, adquirió destreza. Pedazos de su ropa blanca sirvieron para formar paquetes que contenían los más bellos ejemplares. A veces le parecía estar soñando cuando pensaba que, gracias a las piedras preciosas que acumulaba, era rico, tal vez más que muchos que vivían en palacios, tanto como podría serlo el almirante Colón; pero dormía en el suelo húmedo de una cueva protegido por un cocodrilo con el cual compartía el alimento. Ansiaba recuperar del todo su pierna para, en un descuido de su celador, obtener su libertad y volver a la vida propia de los seres humanos. Le preocupaba saber qué habría sido de sus amigos y compañeros.

Por fin llegó el día en que Rodrigo supo que ya tenía la pierna sana. Entonces sintió cierta lástima al pensar que debía abandonar a aquel animal, al que no podía llevar consigo. A despecho de sus sentimientos de gratitud hacia el cocodrilo, que le había respetado la vida y le había alimentado, estaba preparado para partir. Había atado a su cuerpo fuertemente los paquetes que contenían las piedras preciosas y avanzaba con la espada desenvainada.

En ese momento, el cocodrilo asomó a la puerta de la cueva llevando una pieza que se debatía y luchaba, lanzando agudos gritos: era un niño indio de unos cuatro años, al que traía asido de las ropas y sólo con pequeñas erosiones. Soltó el reptil al niño a los pies de Rodrigo, que lo cogió en sus brazos. El cocodrilo le miraba esperando su parte, como de costumbre.

Aterrado, el hombre colocó al pequeño en un hueco elevado de las rocas, fuera del alcance del cocodrilo. Éste esperó el sacrificio de la criatura; el hombre le habló primero dulcemente sin conseguir adormecerlo. El animal se erguía tratando de llegar al niño y Rodrigo se atravesó ante él, defendiéndolo con su cuerpo. Le habló con energía, pero el reptil, empeñado en devorar a su presa, le sujetó con su peso contra las rocas y avanzó sobre él para alcanzar al niño.

Paralizado por aquella presión, sintiendo cerca de sí latir el corazón del cocodrilo y libre su brazo derecho, le hundió la espada hasta el mango. Cayó el animal de costado y un chorro de sangre fría inundó la cara y la mano del horrorizado Rodrigo. El reptil moribundo aún miró al hombre con expresión de dolor y, lentamente, sus ojos se tornaron vidriosos y quedó inmóvil.

Durante unos momentos Rodrigo permaneció aturdido, no comprendiendo si había obrado bien o mal. Allí estaba, tendido y sin vida, aquel gigantesco cuerpo que le había cedido casa, lo había alimentado y lo había defendido... Sintió una gran pena, pareciéndole que había cometido un crimen. Pero allí estaba también el niño a salvo y ya nada se oponía a su libertad para poder reincorporarse al ejército explorador, que era lo que más ansiaba.

No pudo entender lo que el niño le decía ni ser entendido por él, pero juntos abandonaron aquel lugar. Cuando el terreno lo permitía iban los dos de la mano y cuando se hacía impracticable caminaba con el cachorro humano en brazos y con pasos prudentes. Avanzó a la ventura, primero por el estrecho y fangoso ribazo que atravesó días antes y después por el espeso bosque que tenía delante. Tras algunas horas de marcha, encontró frutas que ambos devoraron con placer. La noche la pasaron en lo alto de un árbol oyendo los mil ruidos de la selva. A la mañana, se deslizó del árbol y, con el niño de la mano, reanudó su marcha.

Iba embebido en sus pensamientos, preguntándose si se toparía primero con algún indígena al que devolver la criatura o con el ejército español. De repente, le pareció que algo caía sobre él: un golpe certero que le destrozaba el cuerpo, alguien que le arrancaba el niño de los brazos y ya no supo más: un velo de sangre cerró sus párpados.

Cuando recuperó la conciencia, lo primero que percibió fueron los sonidos habituales de la selva: los gritos de las aves, el murmullo del aire por las hojas, el rumor de un hilo de agua. Reposaba en unas parihuelas y a su lado había un rostro conocido, mirándolo lleno de angustia:

—¡Pedro! —acertó a articular.

—¡Gracias a Dios! No sé cuántas horas llevo esperando que recobres el conocimiento...

—¿Qué... ha... pasado?

—Hasta la noche no me di cuenta de que te habíamos perdido. Inútil retroceder, imposible desertar. Cuando pude, pedí permiso al almirante para formar una pequeña expedición que saliera en tu busca. Te buscamos en vano durante días. No aparecías ni vivo ni muerto. Yo ya desesperaba de encontrarte... La Providencia permitió que te hallara en el peor momento: cuando estabas siendo atacado por un grupo de caribes. ¿Puedes contar lo que te ha ocurrido?

Con voz débil y entrecortada, Rodrigo relató su increíble aventura que Pedro escuchó emocionado y casi incrédulo. Pero había una prueba de que Rodrigo no deliraba.

—¡Mis piedras...!

—No temas, las he puesto a buen recaudo. Nadie las tocará, te pertenecen.

—¿Sabes... quién... me ha atacado?

—El padre del niño al que salvaste. Pensaba que habías raptado a su hijo. Ya ves qué curioso: tú mataste al cocodrilo que te salvó y a ti casi te mata el padre del niño al que salvaste.

Rodrigo cerró los ojos.

—La vida... es... extraña... Mis heridas... son graves... Llama... a un confesor...

Disimulando sus lágrimas, Pedro fue a buscar a un fraile.

Tras la confesión, el fraile llamó a Pedro y a un oficial para que fueran testigos de la última voluntad de Rodrigo. Con voz casi inaudible, Rodrigo declaró que, como no tenía mujer ni hijos, dejaba todos sus bienes a su madre y hermanos, salvo las piedras preciosas, que las regalaba a su amigo, Pedro Gómez de Zárate, que tanto había luchado por salvarle la vida.

Rodrigo de Arnedo fue enterrado sencillamente en un rectángulo de tierra que pronto formaría parte del claustro del convento que los franciscanos levantaban en Santo Domingo. La expedición volvió a Isabela victoriosa. Durante el regreso, Pedro sentía una mezcla de dolor y alegría: dolor por la pérdida de su amigo, alegría por la victoria y el reencuentro con su otro amigo, Arnaldo. Comprendía cada vez más que la vida era una concordancia de opuestos, y que ser hombre consistía en saber vivir tanto la desgracia como la felicidad y el placer, extremos que a veces estaban muy cercanos.

Al encontrarse con Arnaldo, Pedro se llevó una gran sorpresa.

El joven hidalgo parecía cambiado. Tenía un brillo especial en la mirada y llevaba un collar indígena al cuello. Apenas tuvo tiempo para las confidencias cuando se lo dijo:

—Me he enamorado... Ella me ha regalado este collar.

Pedro recordó su cruz de oro, que no se quitaba nunca, y sintió algo de melancolía.

—¿Ella? Pero ¿de quién te has enamorado?

—Se llama Ana... Bueno, en realidad se llama Guarocuya, pero se ha bautizado...

—¿Es india? —preguntó con asombro.

—Es una mujer —replicó Arnaldo—. ¿Qué más da que sea india o blanca? Es hermosa, buena e inteligente... Ya habla castellano casi perfectamente. Ha aprendido las oraciones y se está adaptando a nuestras costumbres mucho más rápidamente de lo que yo podría adaptarme a las suyas. Voy a casarme con ella.

—¡Enhorabuena! —exclamó Pedro con espontaneidad mientras lo abrazaba—. ¿Me dejarás ser testigo de tu boda?

—Será un honor...

—¿Y tu hermano? Imagino que éstos no eran los planes que tenía para ti...

—Lo sé. No pienso volver a España. Lo conozco bien y sé que él despreciaría a mi mujer. Sería aparentemente amable con ella, pero la humillaría, y a mí me odiaría por ensuciar así nuestra sangre. No, prefiero no volver.

Entregó a Pedro dos rollos de papel cuidadosamente lacrados.

—Estos documentos son para mi hermano, rogándole me envíe mi parte de herencia. Y este otro es una autorización para que actúes en mi nombre en lo que sea preciso. Dale un abrazo de mi parte y dile que lamento ocasionarle este disgusto, pero que ésta es mi elección.

Poco más tarde, Pedro conoció a Ana y a su familia. La joven era hija del hermano menor de un cacique y estaba emparentada con Anacaona. Le gustaba el nombre de Ana que Arnaldo buscara para ella porque, en su idioma, *ana* significaba flor. Era realmente muy hermosa, con sus grandes ojos negros, su largo pelo trenzado y su piel dorada por el sol.

Su madre, Guanamota, tenía fama de hechicera. Su rostro misterioso, prematuramente surcado de arrugas, y sus ojos entrecerrados confirmaban su fama. Pasaba el tiempo inhalando tabaco y otras hierbas que la mantenían en un aparente estado de somnolencia; sin embargo, se enteraba muy bien de todo lo que ocurría a su alrededor.

Mientras tanto, los problemas de Colón aumentaban al mismo ritmo que crecían sus enemigos. Don Francisco Roldán, nombrado alcalde de la ciudad de Isabela, competía por el poder con los hermanos Colón. Ansioso de contar con un pequeño reino para sí, se refugió con unos cuantos seguidores en la región de Xeragua, ganándose la amistad de los indígenas de la zona.

El 5 de septiembre de 1499 llegaban a la isla de Hispaniola las carabelas que, bajo el mando de Alonso de Hojeda, habían sido enviadas a explorar. En ese grupo figuraba también el piloto Vespucio. Colón, que había creído que Hojeda era hombre digno de confianza, supo que urdía una oscura trama contra él y contra sus derechos e intereses. Todo esto le llenaba de melancolía y agotaba sus fuerzas. Algunos le recomendaban mano dura contra los traidores, por eso él accedió, muy a su pesar, a que se ajusticiara a dos hidalgos convictos y confesos de traición. Si no lo hacía así, se le acusaría de debilidad y eso no le convenía: ya se murmuraba de él que era un hombre acabado.

Por otra parte, la dificultad para extraer el oro y la escasa producción de este metal también ensombrecían al almirante, que lo necesitaba para ofrecérselo a los Reyes a fin de que éstos le financiaran futuros descubrimientos.

Estas disputas entre los españoles, que estuvieron a punto de acabar en encuentros fratricidas, llegaron a oídos de los Reyes, los cuales enviaron a un veterano servidor de la Corte, el comendador de Santiago don Francisco Bobadilla, para que pusiera orden en aquel lejano Virreinato.

Es desgraciada condición humana sentir celos del triunfo de otro. Posiblemente eso le ocurría a Bobadilla con Colón. El comendador era un aristócrata a la antigua y tenía que soportar que un extranjero plebeyo, elevado a la nobleza sólo por sus méritos de descubridor y no por su sangre, fuera virrey de aquellos inmensos dominios.

Mientras los Reyes pensaban que enviaban a una persona ecuánime y experimentada, lo cierto es que estaban castigando a Colón con el que sería su peor enemigo. Nada más llegar, Bobadilla arrestó al almirante y a sus hermanos, acusándolos de haber ajusticiado hidalgos, de regir con negligencia los territorios e incluso de apropiarse de parte del porcentaje destinado a la Corona, acusación esta última que se demostraría injusta.

A continuación, se adueñó de todos los bienes y documentos de Colón, mientras mantenía a éste y a sus hermanos encarcelados en Santo Domingo durante dos meses, sin comunicarles nada sobre la suerte que les reservaba. A primeros de octubre los embarcó en la carabela *Gorda*, al mando de Alonso de Vallejo, cargados de grilletes y con orden de que regresaran a España, donde serían juzgados por los varios delitos que se les atribuía.

A pesar de las órdenes en contra, el capitán Vallejo quiso liberar al almirante de sus cadenas, mas éste se negó, alegando que sólo los Reyes lo harían. Pedro, que había conseguido formar parte de la tripulación, se encargaba de suavizar aquella prisión injusta con su diligencia y su afecto. Procuraba que la comida de los presos fuera tan buena como la de los oficiales y les facilitaba las escasas comodidades que su situación permitía.

Cuando llegaron a España, los Reyes devolvieron a Colón sus títulos y bienes, excepto el de virrey, pues todos los informes señalaban que el gran descubridor y navegante no tenía suficientes dotes de mando para una responsabilidad como el Virreinato del Nuevo Mundo. Colón guardó siempre las infamantes cadenas como recuerdo de su sufrimiento y sus reivindicaciones, a las que nunca renunciaría. En efecto, era mucho lo que los Reyes se habían comprometido a darle en pago de su descubrimiento, tanto que, poco a poco, se fueron dando cuenta de que podía ser excesivo.

¡Aquel Nuevo Mundo resultaba demasiado grande y complicado para alguien como Colón! A fin de cuentas, era más un marinero que un conquistador o un gobernante. Por eso, serían otros que seguirían sus pasos los que culminarían sus sueños de aventura y conquista.

Corría el año 1500 y se abría un nuevo siglo durante el cual los españoles descubrirían y colonizarían, con enorme tesón y sacrificio, vastos territorios desconocidos y hostiles que poblaron de ciudades, caminos, catedrales y universidades. Hasta allí llevaron un tesoro mayor que todos los que de allí sacaron: aquella lengua que Nebrija sistematizó por vez primera y en la que, a partir de entonces, pensarían, cantarían y sentirían millones de seres humanos, formando el inmenso dominio cultural y espiritual de lo hispano.

# EL ÚLTIMO PERIPLO

Volver a España era para Pedro plantearse de nuevo la pregunta de siempre: ¿dónde estaba su lugar? ¿En el Nuevo Mundo o en el Viejo? Aún no podía responder a esa cuestión. Seguía viendo incierto su futuro, a pesar de que ya no era un niño.

En todo caso, le apetecía tener una casa en la que reposar y gozar de las comodidades que se añoraban en el lejano Virreinato. Por eso se dirigió inmediatamente a Sevilla, donde comprobó con alegría que las piedras que le había legado su buen amigo Rodrigo valían mucho más de lo que él había podido imaginar. Sólo con una parte de ellas convertida en dinero contante y sonante, se consideró un hombre rico, capaz de rehacer su casa para que recobrara el esplendor de antaño. Aquellas modestas reparaciones que había hecho años atrás le parecían ridículas comparadas con los planes que bullían en su cabeza.

Pero antes de ir a su pueblo, sabía que tenía que hacer un par de visitas difíciles. La primera y más dolorosa fue a la casa familiar de Rodrigo: al menos pudo ofrecerles el consuelo de contarles que su hijo y hermano tuvo una muerte digna y heroica, por salvar a un niño sin mirar que pertenecía a una tribu enemiga.

Su segunda parada sería Salamanca. Circunciso lo recibió con muchas muestras de cortesía, pero se mostró muy frío cuando supo que su hermano contraía matrimonio con una indígena. Pedro le hizo entrega de los papeles rogándole que acelerara los trámites y haciéndole saber que estaba dispuesto a volver al Nuevo Mundo para solucionar personalmente las pretensiones de Arnaldo.

Con buenas palabras, Circunciso le dio largas. Al ver que los días pasaban y el asunto no se resolvía, Pedro acudió a un clérigo para que intercediera, pero éste, después de una entrevista con Circunciso, se declaró impotente:

—Dice que lo hará... y no lo hace. Creo que está esperando que os canséis. Mi consejo es que acudáis a la Justicia.

Pedro consultó entonces con un oficial de Justicia, quien le explicó que, para un asunto como aquél, se necesitaba mucho tiempo, dinero y paciencia. Circunciso había podido muy bien manipular documentos, pues Arnaldo le había dado poderes al salir de la casa familiar, y estaba claro que, tras aquella boda inconveniente,

Circunciso no deseaba favorecer a su hermano, ni siquiera concederle lo que le correspondía.

Pedro decidió no perder la calma y se presentó, una y otra vez, ante Circunciso, el cual unas veces no estaba y otras no podía recibirlo. Pero era fácil encontrarlo en la catedral, donde rezaba en voz alta y se daba grandes golpes de pecho.

«Es un cínico beato —pensó Pedro para sus adentros—. No creo que pueda sacar nada de él. Lo mejor será poner el asunto en manos de los jueces.» Así lo hizo y partió a su pueblo.

Mientras tanto, el incansable almirante preparaba su cuarto viaje. Era para él cuestión de honor resolver los dos temas que más le preocupaban: encontrar oro en cantidad suficiente para satisfacer a los Reyes y llegar hasta las Indias o a las tierras del Gran Khan, donde los misioneros podrían convertir a cientos, miles de infieles.

Tras dos años de larga espera para conseguir sus propósitos, en poco más de cuatro meses se preparó una flota descomunal, por encima incluso de las expectativas del almirante: treinta y cinco navíos con dos mil quinientos hombres y mujeres dispuestos a explorar y colonizar el Nuevo Mundo... Algunos de ellos iban decididos a no regresar nunca. La noticia de que los ingleses fletaban barcos para el Nuevo Mundo encendió la ansiedad de muchos por aquel viaje arriesgado. «Si ellos van, es porque vale la pena —se decían—, así que nosotros no vamos a ser menos, cuando además hemos llegado primero.»

El día 13 de febrero de 1502 partieron hacia las Antillas, anticipándose al viaje de Colón, que lo haría pocos meses más tarde. Cuando Pedro tuvo noticias de la nueva expedición, lo primero que hizo fue dirigirse a Salamanca para ver cómo andaba el asunto que su amigo Arnaldo le había encomendado. Encontró a Circunciso muy dolido por haberle puesto un juicio, juicio que aparecía extraordinariamente embrollado y con todas las trazas de prolongarse tanto como la vida de los litigantes.

—De cristianos es perdonar, y, como prueba de mi buena fe, he aquí que os doy todos estos regalos de boda para mi hermano. Rezo a Dios todos los días por él para que el Señor lo ilumine y le aparte del error...

Pedro ya no soportaba tanta hipocresía, así que se despidió lo más rápidamente que pudo, cargando el fardo que contenía los regalos.

Antes de partir, no olvidó visitar a fray Juan, al que tanto gustaba oír sus relatos.

—Parece mentira cómo pasa el tiempo... Viniste aquí siendo un niño y ya eres un hombre. ¿Has encontrado tu lugar en el mundo, como me decías la primera vez que partiste?

—Todavía no...

Pedro recordó su casa solariega. La había dejado reparada, pintada y bien provista de toda clase de objetos valiosos: braseros dorados, reposteros árabes, sillones de madera tallada, espejos biselados, bargueños adornados de ónice y marfil. Dos fieles sirvientas se la cuidarían en su ausencia. Sin embargo, le parecía que la casa era una cáscara vacía y que su vida también lo estaba. Quizá por eso partía de nuevo a la aventura, esperando que le sucediera algo mágico que determinara su futuro...

El almirante no olvidaba su afán de explorar. Por tanto, había elegido cuatro carabelas, por ser de pequeño calado y manejables para sus exploraciones, según le aconsejaba la experiencia de viajes anteriores. Estas carabelas, cuyo mayor inconveniente era su fragilidad frente a las tempestades, se llamaban *Capitana*, *San Yago de Palos*, *Gallega* y *Vizcaína*. Con ellas efectuaría Colón el que iba a ser su último periplo, que comenzó en Cádiz el 11 de mayo de 1502. Llevaba instrucciones muy precisas de buscar el paso a las islas de las especias, que era lo que más interesaba para el comercio y el dominio de las rutas marítimas.

A sus cincuenta y un años, el descubridor empezaba a acusar el paso del tiempo. Por eso, esta vez marchaba acompañado de su hermano Bartolomé y de su hijo menor, Fernando, quien, pese a contar sólo catorce años, mostraba una precoz inteligencia y buen sentido. Su hermano Diego y su hijo mayor se quedaron en la Corte. Los Reyes autorizaban a Colón todos los viajes de descubrimiento que quisiera realizar, pero tenía prohibición expresa de recalar en Hispaniola a fin de evitar conflictos con las nuevas autoridades.

A punto de salir, Colón supo que una embarcación portuguesa venía a toda vela a la costa española. Traía la noticia del ataque que estaba sufriendo Arcila, una colonia portuguesa de la costa africana cercada por sarracenos desde el agua. Colón no lo dudó: a pesar de que retrasaba su viaje varios días, de que sus carabelas no estaban preparadas para ese tipo de batalla y de que no tenía obligación alguna con los portugueses, decidió intervenir. La diminuta escuadra se dirigió a toda velocidad a la ciudadela en peligro.

Las trompetas de la *Capitana* tocaban para animar a la lucha. La llegada de aquella inesperada flota de auxilio desconcertó a los atacantes, que levantaron el cerco sin que hiciera falta que la *Capitana* disparara más de un cañonazo. El gobernador de la ciudad, pese a estar herido, quiso saludar personalmente a Colón y agradecerle su ayuda antes de que partiera.

Como si aquel acto desinteresado y heroico le hubiera dado suerte, el viento les fue tan favorable que en dieciséis días avistaron las costas del Nuevo Mundo, llegando a la Martinica el 15 de junio. Al observar que la *Gallega* se encontraba en mal estado, Colón recaló en la bahía de Santo Domingo el día 29 de junio. Sin atreverse a desembarcar, debido a la prohibición real, decidió mandar a Pedro de mensajero.

—Saluda al gobernador Nicolás de Ovando de mi parte y ruégale si nos puede proporcionar otra carabela en vez de la *Gallega*, aunque sea más pequeña.

Pedro fue recibido de inmediato, porque el gobernador sentía curiosidad ante la presencia de Colón en sus costas. Mas la respuesta no fue la que esperaba.

—Decidle a vuestro almirante que mañana partirá una flota de treinta y dos navíos hacia España y que, por el momento, no es posible reemplazar su embarcación —contestó desdeñoso.

Cuando Colón tuvo conocimiento de la respuesta del gobernador de Santo Domingo, envió de nuevo a Pedro con un mensaje urgente: preveía que se preparaba un huracán y, por tanto, sugería con gran empeño que se retrasara la expedición.

Pero el gobernador Ovando, que tan mal había oído hablar de Colón a sus rivales y que estaba al tanto de la misión que los Reyes habían encomendado al descubridor, pensó que aquellas advertencias eran excusas para que el que se decía «Almirante de la Mar Océana» siguiera allí fondeado. Así pues, no hizo caso del aviso y las treinta y dos embarcaciones partieron en la fecha prevista.

El almirante se había informado de que en aquellos navíos viajaban dos de sus mayores enemigos: Roldán, el capitán que conspiró contra él, y Bobadilla, el burócrata que tanto lo odiaba. Sin embargo, no había dudado un instante en advertir del peligro.

Dos días más tarde, un terrible huracán azotó la zona. Veintisiete navíos se hundieron y otros cuatro fueron arrojados a la costa, totalmente desarbolados. Sólo un barco, el *Ayuya*, el más modesto de toda la flota y el que transportaba la parte del oro que los Reyes restituían a Colón, logró librarse del torbellino y llegar sano y salvo a la costa española para dar cuenta de la tragedia.

El impacto que este inesperado accidente causó en la península fue inenarrable. Muchas eran las familias que habían perdido a alguno de sus miembros en aquel viaje fatídico. Y muchos más los que se santiguaban al pensar que la ira de Dios había castigado a los enemigos de Colón, pues los dos perecieron en el naufragio, y, a cambio, la Justicia Divina había salvado los bienes que los Reyes adjudicaban al polémico descubridor.

En sus idas y venidas, Pedro había conseguido saber más cosas.

Nada más partir Colón, el nuevo gobernador decidió atacar a los indios sin piedad, incluso a aquellos que se habían mostrado amistosos. Organizó una fiesta de toma de posesión a la que invitó a los jefes indígenas. En el transcurso de la misma tuvo lugar una terrible matanza de la que Anacaona logró escapar con parte de su familia. Ovando, que había impedido por todos los medios que se celebrara el matrimonio, tan deseado por la cacique, de su hija con un español, tampoco le perdonaba su lealtad a Colón. Así que la persiguió con saña hasta lograr capturarla, la torturó y expuso su cadáver a los indígenas para aterrorizarles.

Imaginó Pedro la situación en que se encontraría su amigo Arnaldo con aquellas novedades. Su esposa pertenecía a la tribu de Anacaona, ahora justamente enemistada con los españoles. ¡Cuánto sufrimiento para tantos por la maldad y la imprudencia de unos pocos!

Pedro solicitó permiso al almirante para buscar a su amigo mientras se reparaban y preparaban las carabelas. Poco le costó dar con él. Arnaldo se había instalado en la Isabela y vivía con su mujer en una amplia casa. Tenían un bebé que ya caminaba y Ana estaba esperando otro.

A Pedro le pareció que Arnaldo y Ana eran felices, pero también los encontró tristes. No sabía cómo se podían conjugar esos dos sentimientos y, sin embargo, así lo percibía. No todas las españolas habían aceptado a Ana como a una de las suyas. No obstante, las uniones entre indios y españoles proliferaban.

Mirando a aquella criatura que mezclaba los rasgos indígenas con los europeos, Pedro comentó que estaban creando una estirpe nueva, casi sin darse cuenta, y Arnaldo confirmó su opinión.

—El futuro de estas tierras es el mestizaje —aseguró Arnaldo—, les guste o no a los partidarios de la limpieza de sangre.

No olvidó Pedro entregar a Arnaldo el paquete que su hermano le diera. Lo abrieron y encontraron armas antiguas oxidadas e inservibles, telas de seda y de damasco raídas y otros objetos sin valor.

Por la casa andaba como una sombra fantasma Guanamota, la madre de Ana, que se había instalado con ellos para asistir a su hija ante el próximo nacimiento. La mujer acarició las armas empañadas de orín y las telas tazadas sin hacer ningún comentario.

—De tu herencia, sólo tengo malas noticias —tuvo que decir Pedro.

Y le contó sus infructuosas gestiones con detalle, omitiendo los sentimientos de profunda antipatía que le había inspirado Circunciso. Finalizó con estas palabras:

—Creo que, mientras tu hermano viva, no recibirás absolutamente nada.

—Bueno, yo no le deseo la muerte, a pesar de la injusticia que comete.

En ese momento Guanamota salía silenciosamente de la habitación con una vieja banda de seda.

Preparadas sus carabelas, Colón partió de nuevo. Recorrió la costa sinuosa de lo que más tarde sería la cintura del nuevo continente. No encontró el paso al otro lado, ni las Indias, ni las ricas minas de oro, pero siguió explorando incansable. Los adornos auríferos de algunos nativos le hacían pensar que el oro debía de estar cerca. También el estrecho que une los dos océanos tenía que estarlo, pero Colón no lo halló y prosiguió su recorrido. Desde Honduras descendió a Costa Rica y Panamá.

Durante dos largos meses, luchó contra tempestades, contra el desánimo de sus hombres, pues muchos cayeron enfermos, y contra el deterioro imparable de las carabelas. El almirante siguió persiguiendo sus sueños pero al fin cayó en el desánimo y entonces decidió refugiarse en Jamaica, puesto que no podía regresar a Hispaniola.

El cacique más notorio de la isla, Quibián, se mostraba amistoso, pero sólo estaba esperando el momento de atacar. Colón lo sospechaba, pero no dejaba de preguntar por las minas de oro y siempre recibía la misma respuesta: lejos, en otra parte, mientras los indios señalaban con el brazo a un punto del horizonte al que ponían un nombre cualquiera, por ejemplo, Veragua.

La vida se volvía dura y peligrosa. No podían moverse de los barcos, pues si salían en pequeños grupos eran atacados, y si el grupo era numeroso, el ataque lo recibían las naves. Los indígenas buscaban hacer prisioneros para forzar difíciles negociaciones: promesas, nuevos regalos... ¿Qué se podía hacer?

La suerte se alió con el almirante. Consultando sus cartas, Colón averiguó que pronto habría un eclipse de luna. Convocó a los caciques más hostiles de la zona en una hermosa playa y allí les dijo:

—Dios os va a castigar por ser nuestros enemigos. La luna se va a ir del cielo si no os arrepentís.

Esta argucia surtió efecto. Los indios de Jamaica no tenían conocimientos astronómicos. Cuando comprobaron que, en efecto, la luna desaparecía, imploraron a Colón para que se la devolviera. Y éste, naturalmente, lo logró con el compromiso de que los españoles serían respetados.

Dado que las carabelas inservibles les impedían la navegación, Colón propuso enviar un emisario a Hispaniola para pedir socorro. El elegido fue el notario de la expedición, Diego Méndez, que se dispuso a arriesgar su vida para llevar tan importante recado.

Primero tuvieron que preparar una canoa al estilo indio, vaciando un tronco y dotándolo de una especie de quilla y un mástil con su vela. Luego, lograron convencer a dos indios que se comprometieron a manejar, con un par de remos, aquella frágil embarcación que habría de recorrer una distancia considerable: cuatrocientas diez millas marinas a lo largo de costas peligrosas, por rocas y arrecifes donde fácilmente podría quebrarse, esperando vientos favorables, soportando altísimas temperaturas y sin cartas marinas que les guiaran. Para colmo, no se podía predecir si la tripulación indígena resultaría fiable o traidora.

Tras un intento fallido, se decidió que se prepararían dos canoas, cada una con cuatro españoles y seis indios. Ninguno de ellos sabía cuándo ni cómo llegarían hasta Hispaniola. Ni siquiera si serían capaces de llegar.

Un año y cinco días permanecieron en aquella isla que Colón llamó Isla de Santiago, mientras los indios la decían Jamaica, que significa «tierra de manantiales», pues está regada por más de cien cursos de agua, si se cuentan los ríos y sus afluentes. Fue un año muy largo y muy triste. A veces desesperaban pensando que nunca saldrían de allí y que se pudrirían entre la indiferencia o la hostilidad de los indígenas arahuacos, la furia de la naturaleza, que les deparaba huracanes, tempestades y lluvias, y la escasez de tantos bienes que en su lejana patria son tan comunes y que allí echaban terriblemente en falta: pan de trigo, camisas nuevas de lino, jabón, libros...

Durante ese periodo que parecía interminable, el almirante pasaba muchas horas inactivo. Nada útil podía hacerse allí más que esperar pacientemente y rezar para que los cielos se apiadasen de ellos y les enviaran pronto socorro. Así pues, entretenían el tiempo en largas conversaciones en las que Colón, movido por la decepción y la melancolía, sintiendo a veces que su vida podía acabar en cualquier momento, no tenía reparo en confesar secretos que siempre ocultó por razones muy diversas.

Aquellas extrañas tertulias, tantas veces sostenidas frente al mar embravecido o en calma, le recordaban a Pedro las otras ingenuas que mantuviera él con fray Juan cuando era niño en el puerto de Palos. Ahora ya sabía lo que había al otro lado de la esfera y comprobaba que los seres humanos son muy parecidos en cualquier latitud: los hay honestos y traidores, capaces y estúpidos, altivos y modestos. Da igual el color de su piel o el sonido de su lengua.

El almirante parecía relajarse y olvidar sus sufrimientos físicos y morales cuando contaba a Pedro y a su hijo Fernando las amarguras, las glorias, los aciertos y los errores de su pasado. Ambos eran sus fieles confidentes. Los dos le escuchaban con suma atención, intentando retener en la memoria cuanto les relataba, incluso los comentarios y consejos que paternalmente les sugería.

Al quedar a solas, ponían por escrito sus palabras para no olvidarlas, de tal manera que era como si el almirante en persona las estuviera pronunciando. Fernando aseguraba a Pedro que, en cuanto volvieran —porque él, con el optimismo de su poca edad, estaba seguro de volver—, escribiría la vida de su padre para admiración y asombro de las generaciones venideras.

—Quiero que la gente sepa cómo es y lo que ha hecho, y quiero también contradecir todas las murmuraciones, calumnias e insultos que ha sufrido.

Por desgracia, pronto se les acabó su provisión de papel y tinta; pero la naturaleza, que además de cruel puede ser generosa, les proporcionó grandes hojas en las que se podían trazar y conservar los signos de la escritura. Las guardaban enrolladas cuidadosamente a fin de preservarlas del mejor modo posible, a salvo de la humedad y los insectos, los mayores enemigos de la letra escrita.

En aquellos momentos vacíos en los que reinaban sólo el silencio, el cansancio o el sueño, Pedro releía sus anotaciones y hacía pequeñas correcciones. ¡Cómo añoraba el escritorio de La Rábida o el cálido salón de su casa, con aquella mesa dispuesta con su pluma y su tintero, siempre repleto!

La grave voz del almirante, a veces temblorosa por la emoción de los recuerdos, permanecería en su memoria para siempre.

*Nací en 1450 en la ciudad de Génova, hijo de Domenico Colón, tejedor, y de Susana Fontanarrosa, judía. Desde muy joven supe que debía disimular mis orígenes, por no ser nobles, ya que, en esta sociedad en que vivimos, existe el prejuicio de que los únicos hombres respetables son los nacidos de personas con apellido y sangre limpia. Mi padre era un hombre trabajador y prudente, que llegó a tener el puesto de guardián de una de las puertas de Génova. También era aficionado al mar, aunque nunca navegó, y todos sus hijos, sobre todo yo, heredamos esa afición. A los catorce años, movido por el deseo de navegar y ver mundo, abandoné Génova dispuesto a conocer todos los mares.*

*Durante más de treinta años así lo hice, recorriendo Italia, Portugal, Francia, Grecia, Guinea, Dinamarca, Inglaterra e Islandia, sin olvidar las islas atlánticas castellanas y portuguesas, que precisamente en una de estas últimas vivía el padre de mi primera esposa. Allí fue donde yo concebí mi proyecto y determiné buscar ayuda para ponerlo en práctica.*

*Se sabía que podíamos llegar hasta el otro lado del océano, pero nadie se decidía a ejecutar ese viaje. ¡Yo lo haría! Portugal era el reino navegante por excelencia, sobre todo en el mundo atlántico. A él dirigí mis pasos antes que a ningún otro, ya que además en él había conocido a mi esposa Felipa.*

*Cuando vienen las desgracias, se dice que nunca vienen solas. Al poco tiempo de morir Felipa dejándome con nuestro hijo Diego, que sólo tenía cinco años, el rey de Portugal me comunicó oficialmente que no le interesaba mi proyecto. Amargado, decidí abandonar Portugal y entré en España por La Rábida, cerca de donde vivía una tía de mi mujer, Violante, que estaba dispuesta a hacerse cargo de mi pequeño Diego. Allí tuve la buena fortuna de conocer al abad Enrique de Guzmán, al sabio Antonio de Marchena y sobre todo a fray Juan Pérez, que decidió presentar mi proyecto a la reina*

*Isabel, con la que tenía mucha confianza porque había sido su confesor.*

*Mientras todo se gestionaba, me instalé en Córdoba, donde me ganaba la vida vendiendo cartas náuticas. Las hacía cada una distinta, al gusto del cliente, y no me iba mal. Allí conocí gente muy importante: financieros, arzobispos, personas ligadas a la Corte Real... Yo trataba de interesarlos a todos en mi proyecto. También en Córdoba conocí a la que sería mi segunda esposa, Beatriz de Arana, la madre de Fernando.*

*En este punto, debo aclarar que esos amores que se me achacaban cuando estuve en la Gomera eran falsos. Allí yo fui a visitar a la familia más influyente de la isla, los Bobadilla, para conseguir que me proporcionaran un barco nuevo, pues no me fiaba de la* Pinta. *Todo el retraso y las idas y venidas que hice se debieron a ese intento, que no tuvo éxito, porque no encontré ningún barco de esa envergadura, conque hubo que seguir con la* Pinta. *Yo no he tenido más mujeres legítimas que las dos con las que me casé; y si tuve o no alguna otra relación, es cosa que sólo atañe a mi conciencia y que a nadie debe interesar. Ya sé que entonces había rumores, pero no me importaba. Al contrario, cuanto menos se supiera de mí y de lo que hacía, más seguro me sentía.*

*Mi estancia en Córdoba no fue muy larga porque tuve que seguir a la Corte a Sevilla, luego a Toledo, después a Barcelona, siempre insistiendo, siempre esperando; escuchado por unos, tachado de loco por otros; admirado por aquéllos, envidiado y denostado por los de más allá... Así ha sido mi vida.*

*Por fortuna, he gozado del privilegio de contar con la amistad de personas dispuestas a confiar en mí y a ayudarme con sus propios bienes, incluso arriesgando su prestigio. No todos los seres humanos tienen la suerte de poder decir: «Tengo un amigo, un verdadero amigo...». Yo sí puedo decirlo.*

*Mas, como bien sabéis, también tenía enemigos y gente opuesta a mis ideas. El 16 de enero de 1492 fue el día más triste de todos los que recuerdo. Mi proyecto había sido rechazado por la comisión que la reina Isabel nombrara cinco años atrás... ¡Cinco años de luchas, de espera, de trabajo, de sacrificios, perdidos por un breve informe de gentes ignorantes! Tachaban mi proyecto de «quimérico y comprometedor para la dignidad de la Corte española...» Mi oponente, Hernando de Talavera, en aquel entonces confesor de la Reina, había triunfado.*

*Podéis imaginar en qué estado de espíritu me encontraba cuando decidí regresar a La Rábida para recoger a mi hijo y trasladarme con él a Francia. Allí también se estaba estudiando mi proyecto —mi hermano Bartolomé se encargaba de ello— y quizá tendría más suerte... Cuando pasé por el monasterio de La Rábida, fray Juan Pérez me rogó que no me fuera de España, que aguardara aunque sólo fuera unos días, que él conocía amigos dispuestos a ayudarme.*

*Aunque parezca increíble dado mi desánimo, no tuve valor para negarme y, una vez más, acepté esperar. Pocos días más tarde, el doctor Fernández, Martín Alonso Pinzón y el piloto Sebastián Rodríguez se mostraron dispuestos a secundar y financiar mi proyecto si los Reyes lo autorizaban.*

*Ésta, hijos míos, es una lección que os doy para la vida: cuando lo creía todo perdido, las cosas se solucionaron de la manera más favorable y cuanto esperaba se me concedió. Ya veis que no debéis renunciar nunca a vuestros sueños.*

*No voy a cansaros contando todas las negociaciones que tuvieron lugar durante los meses siguientes. Sólo os diré que hubo dos ángeles que me ayudaron en mi empresa: uno, con nombre de ángel, el banquero de origen judío Luis de Santángel; otro, cristiano viejo, el dominico Diego de Deza, preceptor del príncipe. Gracias a la insistencia de ambos, la Reina recapacitó y finalmente aceptó negociar mis condiciones, que, como sabéis bien, fueron firmadas en las Capitulaciones de Santa Fe. Hernando de Talavera seguía manifestando su oposición de tal modo que la Reina acabó despidiéndolo como confesor real y le buscó destino lejos de la Corte.*

*El permiso real no significaba el fin de mis trabajos. Antes de embarcar había mucho que preparar: dos millones de maravedíes costaba equipar los barcos y pagar el salario de los marineros. Y antes de eso, había que encontrar marineros... ¿Quiénes estaban dispuestos a partir en un viaje tan dudoso? Pedí autorización para poder contratar a penados y a personas perseguidas por la Justicia. Sabía que, entre los desesperados que no tenían nada que perder, encontraría a gente, como así fue. Les aseguré que con dos meses de navegación bastaría, pero muchos no me creían y sospechaban que el viaje sería más largo. Para tranquilizarlos, calculamos víveres para quince meses y agua para seis.*

*Con esas previsiones, yo me encontraba tranquilo. Voy a descubriros algo que casi nadie conoce. Cuando estuve en Islandia, en las tabernas de los marineros escuché sagas sobre Eric* el Rojo, *que había llegado a Groenlandia, la Tierra Verde, y había establecido colonias, y sobre otros personajes legendarios, como Leif* el Afortunado *o Freyda* la Mujer guerrera *que portaba el cuchillo entre los senos. Todas las leyendas guardan un fondo de verdad. Me di cuenta de que hablaban de tierras situadas al oeste a las que era posible llegar. Si otros lo habían hecho, ¿por qué no habría yo de intentarlo?*

*Lo intenté y, aunque parezca increíble, lo conseguí. ¡Cuando pienso en las aventuras que corrí en mi juventud, todavía me asombro y me estremezco! Llegué hasta una tierra helada, habitada por seres semejantes a los chinos o los indios, pero, a mi regreso, preferí no contar mi viaje a nadie. De todas formas, los rumores sobre estos viajes de ida y vuelta al otro lado del mundo habían sido esparcidos por los marineros en sus idas y venidas, llegando hasta los cartógrafos de Nuremberg, hasta los mercaderes judíos que financiaban expediciones, hasta los reyes que ocultaban los viajes secretos de sus navegantes para ser ellos solos los dueños de las rutas.*

*Por otro lado, yo tenía la certeza de que la Tierra era redonda. En Lisboa coincidí con un alemán afincado en Portugal, Martin Benhaim, un marino cartógrafo,* el cual me acabó de convencer sobre este punto. Él se había dedicado a estudiar la redondez de la Tierra buscando precedentes en los sabios antiguos y los había encontrado. Ptolomeo no tenía razón, Aristóteles sí. En el siglo X, un profesor de Astronomía de Reims ya explicaba nuestro mundo utilizando una esfera de madera. En el siglo XIII apareció el archiconocido Tratado de la esfera, del inglés Juan de Sacrobosco.

Sin embargo, en los mapamundis clásicos, la Tierra seguía dibujándose como si fuera plana y rodeada de un anillo de agua poblado de toda clase de criaturas monstruosas: cinocéfalos, cíclopes, unípedos, sirenas, dragones marinos... ¿Acaso se trataba de infundir terror a lo desconocido para evitar que cualquiera pudiera explorarlo? Por fortuna, en el siglo pasado, el Imago Mundi de Pedro de Ailly, rector de la Sorbona, confirmaba la redondez de la Tierra e indicaba que el océano del oeste no es tan inmenso como querían hacernos creer, sino que podía ser navegable en unos cuantos días «si el viento era favorable», que es justo lo que yo busqué al seguir los alisios...

Tiempo después de mi primer viaje, supe que el mismo año de 1492, pocos meses antes de nuestra llegada al Nuevo Mundo, Martin Benhaim había construido en Nuremberg el primer globo terrestre: una bola azul oscuro, de 25 centímetros de diámetro, que muestra el océano Atlántico no como un vacío ni como el Mar Tenebroso, sino como un lugar de paso, sobre el que se pueden trazar rutas de ida y vuelta... ¡La ruta que yo seguí está dibujada en esa esfera!

*Mucha gente nos juzgará en el futuro. Para unos, seremos santos y héroes; para otros, villanos y esclavistas. Sólo Dios puede examinar nuestros corazones y el afán que guiaba nuestro espíritu. Al hombre corresponde únicamente examinar los hechos: yo fui el primero, los demás me siguieron. Yo abrí el comienzo de una ruta que otros completarían.*

*Mucho he ganado, otro tanto he perdido. Se me acusa de querer acumular fortuna y gloria. ¿Qué oro puede pagar mis años de espera y de insistente porfía? ¿Qué títulos pueden compensar el desgaste de mi salud, el soportar la furia de los elementos, la inquina de mis enemigos y todas las naturales penalidades de la vida?*

*Ni el bien ni el mal son patrimonio exclusivo de ningún pueblo, tampoco de ningún hombre. He podido cometer errores, pero ¿qué ser humano está libre de ellos? ¿Cómo se habrían comportado en mi lugar los que se atreven a juzgarme si hubieran tenido la posibilidad de gobernar y organizar un mundo nuevo?*

Pedro escuchaba al almirante y ya no lo veía como el héroe que le fascinara siendo un niño, sino como un hombre de carne y hueso, con sus miserias y sus grandezas. Un ser humano muy especial, desbordado por su propio destino. Aunque hubiera cometido algún error, eso no disminuía la admiración y el afecto que sentía hacia él.

Tras un sinfín de peripecias, Diego Méndez, el notario enviado por Colón para pedir ayuda, había cumplido su misión. Dos carabelas recogieron a los náufragos de Jamaica y los condujeron hasta Hispaniola. El gobernador Ovando no se atrevió a negar la entrada al almirante, sobre todo cuando vio el recibimiento entusiasta que le hacían sus antiguos colonos. El tiempo trascurrido había borrado las diferencias y aquellos hombres y mujeres eran capaces de reconocer la ingente labor del almirante por encima de desaciertos, rumores y malevolencias. Pedro, por su parte, pudo disfrutar, aunque por poco tiempo, del calor de la amistad visitando a Arnaldo, quien le presentó complacido a su nuevo vástago.

Y por fin, las dos zarandeadas carabelas transportaron al grupo hasta España. El 12 de septiembre de 1504 zarparon de Hispaniola y el 7 de noviembre llegaron a su punto de partida: la playa de Sanlúcar de Barrameda. Las cuatro primorosas embarcaciones en las que habían salido de allí dos años antes se habían convertido en aquel par de maltrechas naves de velas remendadas y mástiles inestables, testimonio de los violentos embates del mar. El almirante volvía tan roto como sus naves. Hubo de ser bajado de su carabela, la *Beata*, en una camilla.

Pedro se encaminó, sin demasiado entusiasmo, hacia su pueblo. Pasaría primero por Salamanca para interesarse por el pleito de su amigo. Al llegar a la casa de Circunciso, la encontró cerrada. Preguntó a un vecino y le dijeron que el devoto caballero había muerto de consunción. Inexplicablemente, había ido adelgazando hasta quedarse con la piel pegada a los huesos.

—Cuando falleció, pesaba lo mismo que un niño —le explicó el vecino—. Hubo quien comentó que le habían echado mal de ojo o que era víctima de algún hechizo, pues su enfermedad resultaba incomprensible para los doctores que lo examinaron, que fueron muchos.

—¿Cuándo ocurrió todo eso? —preguntó Pedro.

—Hace aproximadamente un año y medio...

Entonces Pedro sintió un escalofrío. De repente, visualizó a Guanamota, la hechicera, deslizándose suavemente por la habitación con aquella tela de seda en sus manos...

En Villada, la casa familiar estaba reluciente. Las dos buenas sirvientas lo tenían todo en orden, pulcro y preparado para la llegada de Pedro. Sin embargo, éste, sentado a la mesa, cenando a la luz de aquellos hermosos candelabros, sentía más que nunca la punzada de la soledad.

—El señor parece melancólico...

—Lo que le hace falta es una mujer —susurraban las criadas.

Y aquellos susurros llegaban, como las ondas del mar, a los oídos del joven hidalgo.

¡Una mujer! Recordó los ojos puros de María. ¿Por qué no ir a buscarla?

No lo pensó dos veces. De su rincón secreto, desempaquetó cuidadosamente uno de los envoltorios que contenían las piedras mágicas que todo lo proporcionaban. Cogió de ellas en cantidad suficiente para poder fletar un barco a la Gomera.

Las sirvientas se santiguaron al ver que salía otra vez de viaje sin apenas haber deshecho su equipaje.

Calles encaladas, fresca sombra, palmeras agitando sus copas abiertas, graciosas. Estaba en la isla que recorriera cuando aún era casi un niño, la isla que lo había visto crecer.

Con una bolsa tintineante de monedas, era fácil obtener información. Todos podían decirle algo.

La joven dama ingresó por propia voluntad en un monasterio de Gran Canaria. Sucedió hacía ya varios años, cuando, tras el súbito fallecimiento de su madre, su padre se casó con otra mujer. Del hermano, Álvaro, poco se sabía. Estaba en el ejército y el ejército podía estar en cualquier parte.

Pedro se trasladó a Gran Canaria. ¿Y si había profesado? Si era monja, él tendría que renunciar a aquel sueño del reencuentro... ¿Y si había cambiado? Los años y las penas cambian a las personas.

Pero él iba a intentarlo. Apretó la cruz de oro en sus dedos y tocó la campanilla del convento.

María Sánchez de Bobadilla estaba allí, encerrada entre aquellas paredes, porque no tenía otro lugar en el que estar. Por razones desconocidas, había rechazado el matrimonio que su padre y su madrastra le propusieron y entonces no le quedó otro camino que el claustro. Pero nunca quiso profesar. Vivía en el convento como otras muchas mujeres de su clase, jóvenes y viejas, a las que no se les ofrecía otro recurso que aquel encierro si no conseguían el amor o el interés de un hombre.

—¡María! ¿Me recuerdas? —Y Pedro le mostró la crucecita—. Siempre me ha acompañado...

—¿Qué me has traído del Nuevo Mundo? ¿Uno de esos pájaros de colores? ¿Un collar de cuentas de coral y nácar? ¿O quizá una hamaca para ponerla en el jardín?

Pedro enmudeció de pronto.

—No vas a perdonarme, la verdad es que en este momento me doy cuenta de que... ¡no te he traído nada!

—Pero has venido...

—Sí, he venido. Por fin he encontrado mi lugar...

—¡¿Cómo?! ¿Vas a quedarte a vivir aquí, en las Canarias?

—No. Voy a volver contigo a casa... Mi lugar eres tú.

*epílogo*

# EL QUINTO VIAJE DE COLÓN

El Viejo y el Nuevo Mundo están ya conectados para siempre. Los viajes, las cartas y el intercambio de mercancías y mensajes es constante.

Por eso, Pedro y Arnaldo saben el uno del otro. Arnaldo tiene dos hijos, Arnaldo y Luis, que inauguran una nueva estirpe. Vive feliz y próspero con su mujer, Ana, en Hispaniola, aunque sueña con regresar a España cuando sus hijos crezcan ahora que, tras la muerte misteriosa de su hermano, ha recobrado su casa y sus bienes.

Pedro se ha convertido en un gran hacendado de las ásperas tierras castellanas. No parece un hidalgo como los demás, pues no tiene reparos en trabajar con las manos cuando es necesario. Sus campos florecen de trigo y, cuando los contempla como un mar de oro acariciado por la brisa, recuerda aquel otro mar de olas azules removido por todos los vientos oceánicos. Casado con María, tienen un niño al que han llamado Cristóbal, en honor al navegante infatigable al que Pedro acompañó.

Entretanto, ¿qué fue de este navegante, descubridor de un continente? No tuvo demasiada suerte en sus últimos tiempos.

El 26 de noviembre de 1504, tres semanas después de finalizar su cuarto y postrer viaje, falleció la reina Isabel, su gran valedora. Colón, enfermo y agotado, tardó varios meses en acudir a despachar con el Rey, sin conseguir que le concediera los derechos que solicitaba según las Capitulaciones de Santa Fe.

Con ánimo de insistir en sus demandas, siguió a la Corte, primero a Salamanca y luego a Valladolid, donde, al mes de su llegada, se sintió morir. El 20 de mayo de 1506, don Cristóbal Colón, almirante de la Mar Océana, se despedía para siempre de la vida terrenal.

Sus restos mortales tampoco encontraron fácil descanso: enterrados en el convento de San Francisco de Valladolid, su hijo Diego los llevó a Sevilla, la capital española del Nuevo Mundo. Al morir Diego, su viuda decidió trasladar sus restos junto con los del almirante, su padre, a Hispaniola, para ser inhumados en la catedral de Santo Domingo.

En 1795, tras ceder España a Francia la posesión de esta isla, los restos de Colón viajaron a Cuba a fin de recibir sepultura en la catedral de la Habana. Cuando en 1898 España perdió Cuba, los huesos de Colón regresaron de nuevo a la catedral de Sevilla, en la que reposan bajo un espectacular y artístico sepulcro.

Pero ¿son ésos los restos de Colón? Años atrás, en 1877, durante unas obras de reparación en la catedral dominicana, apareció una caja con un letrero de plata que daba fe de que aquéllos eran los restos del descubridor Cristóbal Colón. Por eso hay quien dice que el que yace en Sevilla no es él, sino uno de sus hijos.

En todo caso, lo cierto es que Colón hizo un quinto y póstumo viaje a aquella amada tierra descubierta por él y a la que en vida se le llegó a prohibir la entrada. Una tierra que llamó con el mismo nombre de la que ya consideraba suya: Hispaniola. Posiblemente ese lugar, que creyó antesala del Paraíso, es el que él habría elegido para su descanso eterno.

## *glosario*

*Alpujarras:* sierra granadina donde se refugiaron algunos moriscos tras su derrota.

*Anacaona:* cacique taína, noble, culta, poeta. Muy cantada por poetas latinoamericanos.

*Arahuaco:* se dice de los pueblos y lenguas de la misma familia que se extendieron desde las Grandes Antillas por muchos territorios de América del Sur.

*Arte de la lengua castellana:* nombre de la primera Gramática del castellano escrita por Elio Antonio de Nebrija y publicada en 1492.

*Atlántida, San Barandián o Isla de las Siete Ciudades:* lugares legendarios que se situaban imaginariamente en el Atlántico.

*Boabdil:* último rey moro de Granada, se rindió ante los Reyes Católicos en 1492.

*Capitulaciones de Santa Fe:* contrato legal otorgado por los Reyes Católicos a Cristóbal Colón y a sus descendientes, según el cual al almirante le correspondería el diez por ciento de los territorios que descubriera y aportara a la Corona de Castilla y sería virrey de las nuevas tierras. Se firmaron en Santa Fe el 17 de abril de 1492.

*Casa de Contratación*: funcionó desde 1503 a 1790. Era una especie de agencia que tenía el monopolio para regular el tráfico y las personas que viajaban al Nuevo Mundo. Tenía el poder de inspeccionar y fiscalizar las mercancías y de autorizar o vetar a los viajeros o colonos. A Miguel de Cervantes se le denegó la autorización para viajar a América.

*Colón, Cristóbal* (1450-1506): navegante y descubridor.

*El caballero Cifar:* libro de caballerías del siglo XIV.

*El conde Lucanor:* colección de cuentos redactados por el infante don Juan Manuel en el siglo XIV.

*Galindo, Beatriz* (1475-1534): mujer de gran cultura, apodada *La Latina*, institutriz de los príncipes hijos de los Reyes Católicos.

*Gutenberg, Johannes* (¿1394?-1462): alemán considerado el inventor de la imprenta hacia 1440.

*Hidalgo:* persona que por su sangre es de una clase noble y distinguida.

*Indias:* primer nombre que se dio a América porque Colón creía haber llegado a ellas sin percatarse de que había un continente entre Europa y las Indias.

*Islas Canarias, Azores y Madeira:* islas del océano Atlántico conocidas por Colón.

*Lingua franca:* la que es mezcla de dos o más, y con la cual se entienden los naturales de pueblos distintos.

*Mar Tenebroso y Terra Incognita:* nombres que aparecían en los mapas de la época para señalar lo desconocido.

*Niña:* carabela de velas latinas. Tenía 21,44 metros de eslora, 6,44 de manga y 1,78 de calado. Viajó en 1492 con 20 hombres.

*Palos:* Población costera de Huelva de la que partieron las tres naves del primer viaje de Colón.

*Pechero:* persona no hidalga obligada a pagar el pecho, tributo que se pagaba al rey o señor territorial por razón de los bienes o haciendas.

*Pérez de Marchena, fray Juan:* guardián del monasterio de La Rábida que apoyó el proyecto de Colón. Fue confesor de la reina Isabel la Católica.

*Pinta:* carabela que tenía de 18,25 metros a 23,60 metros de eslora; de 5,80 metros a 6,30 metros de manga; un calado de 1,60 metros a 1,85 metros. Admitía una tripulación de 25 hombres.

*Poemas épicos del Cid y de don Rodrigo:* poesía narrativa en forma de romances y canciones de gesta que recogen los hechos históricos y legendarios del caballero castellano Rodrigo Díaz de Vivar y del último rey godo, don Rodrigo.

*Reyes Católicos:* Isabel de Castilla y Fernando de Aragón, conocidos tras su matrimonio como Reyes Católicos, tomaron Granada en 1492, lo que supuso la finalización de la llamada Reconquista. También financiaron la expedición de Colón.

*Santa María:* carraca de tres palos. Tenía 23,60 metros de eslora, 7,92 de manga y 2,10 de calado. Llevaba una tripulación de 39 hombres.

*Sopista:* estudiante que seguía su carrera literaria sin otros recursos que los de la caridad, y que solía llevar sus cubiertos en el sombrero a fin de comer donde le ofrecieran comida.

*Universidad de Salamanca:* creada en 1218 por el rey Alfonso IX de León, está considerada como la más antigua de las universidades hispanas existentes. En el tránsito de los siglos XV y XVI se incorporó a las nuevas corrientes humanistas, de las que el magisterio de Nebrija es un buen ejemplo. En el siglo XVI se registró el mayor número de estudiantes matriculados, ya que el prestigio de esta universidad atrajo a estudiantes de toda la península, e incluso europeos e indianos, más que cualquier otra universidad hispana de la época.

*Vespucio, Américo* (1454-1512): navegante y escritor italiano. Maravillado por los relatos de Colón, viajó al Nuevo Mundo y escribió sus cartas, en especial la titulada *Mundus Novus*, describiéndolo. En 1507, el humanista alemán Martín Waldseemüller publicó los textos de Vespucio y les añadió un planisferio, sugiriendo que el sur del nuevo continente fuese llamado América, ya que creía que Vespucio había sido su descubridor. Años más tarde se dio cuenta de su error e intentó subsanarlo, pero este nombre gozaba de gran aceptación y no se cambió. Más tarde designaría también al centro y norte del continente. Sólo una parte del continente, Colombia, tomaría el nombre de Colón.

*Viajes de Colón. Primero* (1492-1493): salida de Palos el 3 de agosto. Llega a Guanahani el 12 de octubre. Después, Isabela, Cuba, Hispaniola. Inicia el regreso el 16 de enero de 1493. LLegó a Palos el 15 de marzo. Es recibido por los Reyes Católicos en Barcelona el 15 de abril.

*Viajes de Colón. Segundo* (1493-1496): el 25 de septiembre zarpa de Cádiz. Descubre Dominica, María Galante, Guadalupe, Montserrat, Santa María la Antigua, Once Mil Vírgenes (hoy Islas Vírgenes) y San Juan (hoy Puerto Rico). En 1494 descubre Jamaica. El 10 de marzo de 1496 inicia el regreso y desembarca en Cádiz el 11 de junio de 1496.

*Viajes de Colón. Tercero* (1498-1500): el 30 de mayo parte de Sanlúcar de Barrameda. El 31 de julio llega a la isla de Trinidad. Poco después, entra en el golfo de Paria por la Boca de Sierpe. Observa la fuerza del río Orinoco y pisa el continente por primera vez sin saberlo. En 1499, Américo Vespucio con Alonso de Hojeda y Juan de la Cosa descubren Venezuela; toman conciencia de no estar en las Indias, sino en un continente interpuesto. Vicente Yáñez Pinzón llega a la costa de Brasil. A primeros de octubre de 1500, Cristóbal Colón es arrestado, encadenado y conducido a España. Sin embargo, el 17 de diciembre es recibido por los Reyes Católicos en Granada, y restituido su honor.

*Viajes de Colón. Cuarto* (1502-1504): el 11 de mayo zarpa de Cádiz en su último viaje. Entre sus descubrimientos se encuentran Santa María, Martinica, Portobelo, y el istmo de Panamá. Su objetivo era encontrar un estrecho que le llevase al otro océano, al Pacífico, pero naturalmente no lo halló. El 28 de junio de 1504 inicia su regreso desde Martinica y llega a Sanlúcar de Barrameda el 7 de noviembre.

ÍNDICE

Mapa de los viajes de Colón ..... 7
Preludio: En tierra adentro ..... 9
El lugar en el que acaban los mapas ..... 13
La dama de la isla ..... 28
Por el Mar Tenebroso a la Terra Incognita ..... 39
¿Demonios o dioses? ..... 50
A lomos de los vientos ..... 65
El Caribe caníbal ..... 76
Minas de oro y molinos de grano ..... 89
Del Nuevo al Viejo Mundo ..... 103
El juglar y el caballero ..... 117

La cueva del cocodrilo ........ 131
El último periplo ........ 150
Los secretos del almirante ........ 162
Epílogo: El quinto viaje de Colón ........ 176
Glosario ........ 179